De l'étiquette à l'assiette

Vérités et mensonges sur les produits alimentaires

Alix de Reynal
Béatrice de Reynal
Sophie de Reynal

sous la direction de Béatrice de Reynal

Vuibert

De l'étiquette à l'assiette
Vérités et mensonges sur les produits alimentaires
par Béatrice de Reynal, Alix de Reynal et Sophie de Reynal

Site Internet : http://www.vuibert.fr

ISBN : 978-2-7117-6408-2

Maquette de couverture : Galith Sultan
Maquette intérieure : Jano de Bazoges et Mademoiselle
Assistante d'édition : Sophie Bravard
Responsable éditoriale : Caroline Roucayrol

Du même auteur :
Les vérités qui dé-mangent :
les coups de gueule d'une nutritioniste engagée

SOMMAIRE

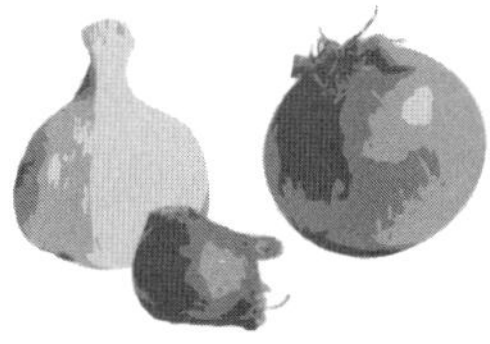

Introduction

Manger : quand un besoin impératif devient une activité à contrôler

Depuis que l'homme est l'homme, il lutte pour sa survie, laquelle passe par la quête de nourriture. Sa capacité d'adaptation lui a permis de supplanter les autres espèces vivantes qui elles, aujourd'hui encore, luttent pour leur survie et passent l'essentiel de leur temps à cette sacro-sainte quête de nourriture. Les vaches seraient plus intelligentes si elles n'avaient pas à brouter et ruminer vingt heures par jour !

Au regard des aléas, que de chemins parcourus... Chaque pas vers la suprématie de l'homme a été ponctué par une avancée spectaculaire en matière alimentaire :

- La découverte du feu a permis de mieux digérer les protéines, de les rendre plus exploitables à l'homme, donc de le nourrir plus sûrement et plus durablement que les fruits et baies récoltés au gré des mouvements nomades.
- La sédentarisation a permis d'organiser le groupe et de spécialiser le travail. Ainsi, les premières cultures

ont nourri les hommes et les bêtes. Dès lors, l'élevage est apparu, avec lui l'alimentation régulière potentielle des populations, de leur cheptel… mais aussi la possibilité de leur expansion.

- La mécanisation a permis l'intensification des récoltes. Les progrès techniques ont amélioré les rendements donnant accès à la nourriture au plus grand nombre pour un prix toujours plus bas. Aujourd'hui, la mécanisation des modes culinaires entraîne la création de cuisine laboratoire où il n'est plus permis de louper un œuf au plat !
- Les progrès en matière de conservation des aliments ont autorisé, sur de longues périodes, le stockage des denrées autrefois périssables, rendant les populations moins dépendantes des conditions météorologiques. On peut, dès lors, établir des plans à longue échéance, sans être en péril au moindre problème. Aujourd'hui, tout le monde râle contre les conservateurs qui – pourtant – continuent de nous sauver la vie ! Et même s'ils nous empoisonnent un tout petit peu, de deux maux, il faut choisir le moindre !

Et si, aujourd'hui, nous avons le loisir de faire autre chose de notre temps que de chercher à nous nourrir, nous le devons en grande partie à l'industrialisation de l'agriculture d'abord, et de l'agroalimentaire ensuite, qui nous offre de pouvoir faire face aux grands défis démographiques que l'humanité a connus, proposant une alimentation de plus en plus « saine » (au sens sécuritaire : rares sont les intoxications alimentaires de masse aujourd'hui).

Et curieusement, plus le temps passe, plus les aliments sont sûrs, et plus le mangeur s'inquiète de la mauvaise qualité de ce qu'il mange ! Et ce phénomène semble inéluctable :

plus vous dites à un consommateur que ses aliments n'ont jamais été plus sûrs, et moins il vous croit ! Un peu comme le passant à qui vous dites : « Attention, la peinture est fraîche ! » et qui a impérativement besoin d'y mettre les doigts... pour voir si, entre-temps, elle n'a pas séché ?

Grâce à la maîtrise de plus en plus pointue des filières et à la mise en place de système de traçabilité, nous sommes capables en un temps record de mettre le doigt sur un problème de sécurité alimentaire dans la chaîne « du champ à l'assiette ». Nos réglementations sont de plus en plus draconiennes au regard des cahiers des charges imposés aux producteurs.

De nombreux défis sont encore à relever : le développement de la population à échéance 2050 peut et doit nous sensibiliser quant aux rendements agricoles, cultures OGM, ou développement durable.

Mais, changeons d'échelle et revenons sur Terre, les pieds dans le plat des individus, où quelques problèmes se posent en matière de choix alimentaires. Car si l'industrie est très performante en matière de propositions, en revanche, n'étant pas philanthrope, elle reste préoccupée par des problèmes de rendements, de ventes, de marges avant-arrière... Toutes préoccupations qui lui feront occulter les règles de base de la qualité et de l'éthique nutritionnelle.

Les modes de vie changent et avec eux les modes d'alimentation à une vitesse que je crois exponentielle. Du reste, ils sont incriminés aujourd'hui dans la responsabilité de l'épidémie d'obésité. Mais, ils sont également responsables de l'amélioration de l'espérance de vie, de l'amélioration de la qualité de vie des populations. Beaucoup reste à faire, mais… Depuis 2006 et pour la première fois[1] dans l'histoire de l'humanité, le nombre de gens menacés par le trop est supérieur à celui des menacés par la malnutrition : la menace aurait-elle changé de camp ?!

Après quelques années d'adaptation, l'industrie réplique et propose. Tous les acteurs travaillent de concert pour tenter de comprendre, de cerner cette nouvelle épidémie. Les uns motivés par des questions de Santé publique, les autres pour des questions scientifiques, les derniers pour garder en vie leurs consommateurs. Ils ont tous le même objectif : améliorer la condition humaine. Et si un industriel a besoin de vendre, et même s'il pense que tous les moyens (*marketing, merchandising, vending*…) sont bons, il ne pourra pas se permettre de négliger son client, que l'on appelle également un consommateur. Derrière chaque client se cache un consommateur et c'est bien ce consommateur qui porte à sa bouche l'aliment que lui-même, client, achète. Et quelle qu'en soit la raison – gustative, économique, culturelle… bonne ou mauvaise, le consommateur ne consomme que ce qu'il aime.

Ainsi, pour vendre, il faut être aguicheur, relever sa jupe sans pudeur mais sans vulgarité, et proposer toujours plus. Et, si l'on force sur le clinquant, c'est évidemment pour éblouir et pour attirer l'attention. Comme l'illusionniste, le « marketeur » mettra en avant les atouts de son produit en attirant toute votre attention sur les sujets qui nous intéressent, en occultant par omission le reste ! Du nom du produit au visuel (packaging), en passant par le

1. Sur les douze derniers mois, en raison de l'augmentation du prix des matières premières, quarante millions de personnes supplémentaires ont été confrontés au manque de nourriture. En 2008, il y a donc égalité entre les trop nourris et les mal nourris - Rapport de la FAO.

nom de la marque, les allégations, le code couleur, rien n'est laissé au hasard. Tout participe à vous faire craquer au détriment de vos bourrelets ou de vos triglycérides qui risquent dans l'affaire d'être favorisés.

Or, si l'industriel utilise tous les moyens possibles pour vendre, vous devez faire de même pour acheter. Car rien n'est impossible, le consommateur reste le libre arbitre de son choix, lequel n'est pas nécessairement à connotation Santé : il peut être gustatif, il peut être économique, il peut surtout être sans justification. Mais, le consommateur a le CHOIX. Et à partir du moment où il peut choisir, il faut qu'il ait les cartes en main pour pouvoir juger de la pertinence des atouts avancés en toute objectivité.

Sachez qu'un produit alimentaire mis sur le marché ne présente aucun « danger sanitaire » immédiat, c'est une certitude. En revanche, il n'est pas toujours « nutritionnellement correct ». Le consommateur qui n'est pas forcément une personne avertie en matière de nutrition – à chacun son métier – doit être informé le plus simplement possible de la réalité du produit par lequel il est séduit, afin qu'il puisse choisir en faisant un compromis sur les « vices cachés ».

Pour ce qui nous concerne, le vice est à long terme. Trop de graisses saturées contribueront au dérèglement du système cardio-vasculaire, trop de graisses participent à l'embonpoint et finalement à l'obésité… et tout à l'avenant !

Aussi, voici quelques armes pour comprendre où sont les pièges à éviter. Ces quelques informations simples vous feront **reprendre la main sur les choix** qui s'offrent à vous, vous permettant de **REDEVENIR le maître à bord.** Vous choisirez en connaissance de causes avec le sentiment satisfait d'avoir compris **les « trucs » de l'illusionniste**.

Chapitre 1

TOUT CE QUE VOUS N'AVEZ JAMAIS OSÉ DEMANDER EN NUTRITION

Les professionnels du domaine alimentaire sont sûrs d'une chose : les gens ne peuvent pas s'empêcher de manger et, même en temps de guerre ou de crise, ils ont besoin d'acheter des aliments. Cela posé, comprenons bien les choses : pour faire des affaires dans ce *business*, il importe de vendre, tout le temps et massivement. Car pour gagner sa vie en vendant des yaourts, il faut se réserver une marge générant des profits. Et quelques centièmes d'euros sur un produit qui est vendu à plusieurs millions d'exemplaires dans l'année, ça peut finir par faire beaucoup d'argent.

Pourquoi existe-t-il autant de marques alimentaires ? Sûrement parce que le gâteau est gros ! Alors, pour vous faire préférer tel yaourt plutôt que tel autre, il faut beaucoup d'astuces et de « trucs » : d'abord, être vu dans le rayon. C'est le rôle de l'emballage – le packaging comme ils disent dans les services marketing. Mais avant ça, pour avoir envie d'aller un type de rayon donné, il faut en avoir eu envie ; c'est le rôle de la publicité, qu'elle soit vue à la télévision, dans un magazine ou encore en affichage dans la rue, dans des prospectus.

Parce que, finalement, tous ces produits ne sont pas indispensables... Vous n'avez pas « besoin » de pâtes ou de riz, si vous avez des pommes de terre ou des lentilles... Alors, le choix est tellement immense que les packagings deviennent des péripatéticiennes. C'est du racolage !

Et pour séduire le chaland, il faut un bon maquillage et des bas résilles, ou alors... être nouveau sur ce trottoir-là (on va goûter la petite dernière !), ou encore avoir des atouts nutritionnels, santé... Ou encore faire gagner des porte-clés ou des ballons. Bref. Il ne faut plus se contenter de vendre des aliments. On enrobe le produit de jeux, de trucs, d'astuces, de conseils...

Comment comprendre ces nouveaux enjeux et ne pas être le simple « dindon » acheteur ? Il vous faut des connaissances marketing, réglementaire, nutritionnelle aussi.

Est-ce normal de vous vendre quatre pots de truc avec une figurine d'un personnage de dessin animé ? Finalement, vous achetez quoi ? La nourriture ou la figurine ?

Est-ce acceptable de vouloir vendre quatre malheureux bâtonnets de pâte fromagère emplastiqués, suremballés, avec des coloris enfantins, au prix du foie gras ?

Est-ce loyal de vendre des aliments riches en graisses saturées, en sucres divers, en sel, en substances caloriques exemptes d'atouts nutritionnels, tout en prétendant des mérites nutritionnels ?

Non ! Et pourtant, la pâte marron qui prétend être « pleine de noisettes et de lait » n'en contient pas 20 % au total (donc la pâte est très très très riche en graisses et en sucres !). Et pourtant, ces croquettes pour le petit-déjeuner arborent un symbole « bikini » pour dire qu'elles sont « minceur », alors qu'elles sont plus caloriques et grasses que des croquettes chocolat, fantaisie, pour les enfants.

Comment tolérer que ces biscuits « minceur » soient plus gras et plus caloriques que de simples petits beurre ?

Aussi, quand la nutrition est à ce point malmenée, ne vous étonnez pas de nous voir sortir de nos gonds et écrire ces lignes !

Donc : il faut ouvrir les yeux avant d'ouvrir le porte-monnaie.

1. Mais comment en est-on arrivé là ?

Tout simple, Docteur ! Si nous faisons un petit voyage dans le temps à l'échelle quasi géologique, nous voyons – ça saute aux yeux ! – que les premiers hommes ont avant tout cherché à se nourrir. Élémentaire ? Non. Car sans frigo et sans congélateur, difficile d'assurer le couvert toute l'année. Alors, pendant les premiers temps, l'objectif était de « manger ». Manger n'importe quoi, pourvu qu'on puisse le manger. Et cette période a duré très très longtemps. Encore il y a peu, on mettait de la sciure de bois dans le pain pour compenser la pénurie de farine.

Ensuite, l'Homme a cherché à manger à sa faim toute l'année : grâce au sel, au sucre, au fumé, au séchage… on a appris à conserver dans de bonnes conditions, de façon à disposer toute l'année d'aliments encore sains, ou en tout cas non malsains. Beau progrès !

C'est ainsi que sont nés les salaisons, fumaisons (aliments saurs), aliments séchés, fumés, etc. Et même si ces aliments ont parfois certains défauts nutritionnels (trop de sel, la fumée qui est toxique, etc.), ils permettent ou ont permis à des millions d'individus de survivre.

Ensuite encore, les hommes ont cherché à avoir des aliments en quantité et qualité. Donc, abondance et qualité sanitaire et nutritionnelle. Après guerre, ce furent les yaourts, le bon pain, les pâtes, les légumes secs sans cailloux... Ensuite, le surpoids menaçant, on a cherché à ne manger que le nécessaire : donc la recherche de l'équilibre alimentaire était une priorité. D'où la naissance du lait demi-écrémé (le plus vendu actuellement), du beurre allégé, du vin sans alcool ou des charcuteries allégées.

Depuis, les hommes recherchent une alimentation qui évite les maladies... Du « faux beurre » avec des substances anticholestérol, des croquettes de petit-déjeuner avec des fibres anticancer du colon, etc.

Demain, ils voudront un mode alimentaire qui non seulement ne nourrit pas trop et évite les maladies, mais en plus rend plus fort contre les maladies, rend plus beau, *booste* l'immunité et que sais-je encore.

De ces différentes étapes, vous avez une histoire de la population française ou européenne, mais aussi mondiale : aujourd'hui, vous pouvez trouver de par le monde des populations qui sont à ces différents stades alimentaires...

Alors, l'industrie s'est toujours adaptée à ces étapes: en Europe, les professionnels sont à la recherche d'aliments qui soient capables de rendre plus beau, plus performants intellectuellement, plus fort contre les maladies... Alors que, dans certaines contrées du globe, les hommes en sont encore à chercher comment survivre toute l'année avec une maigre récolte.

C'est ça que l'on appelle « injustice humaine ».

2. Pourquoi vouloir aller sur la Lune alors qu'on ne sait toujours pas soigner le surpoids et les famines ?

Cela paraîtrait incongru pour un Martien s'il voyait que l'Homme cherche depuis 1965 à aller sur la Lune alors qu'il ne sait pas grand-chose ou rien sur la façon dont il doit nourrir ses enfants et lui-même ?

L'homme construit des fusées dont le prix équivaut au PIB des quatre pays les plus pauvres, parfois ces fusées finissent comme des pétards mouillés ; mais rien, presque rien, il n'investit rien dans la recherche nutritionnelle et humanitaire.

Dans quel monde vit-on ?

Ce qui frappe les étudiants qui entament leurs études en nutrition, c'est la maigreur relative des connaissances en nutrition humaine. Alors qu'on en sait bien plus en nutrition animale, c'est à peine si on connaît le devenir des nutriments dans le corps... Les lipides ? Les sucres ? Les fibres ? On ne commence qu'à connaître leur devenir, la variabilité interindividuelle et leurs effets secondaires ou tertiaires.

On découvre seulement aujourd'hui les propriétés endocrines de l'adipocyte, alors qu'on cherche depuis des décennies à l'éliminer sans autre procès !

Décevant vraiment !

Et lorsque l'on demande aux professeurs les raisons pour lesquelles les connaissances sont plus fournies en nutrition animale qu'en nutrition humaine, ils nous répondent que la science a du mal à trouver des volontaires humains à affamer afin de connaître véritablement les besoins nutritionnels de chacun…

Mais la science ne sait pas toujours répondre aux questions qui commencent par « pourquoi ? » A-t-elle seulement de quoi répondre aux questions qui commencent par « comment ? »

3. Mais ils savent lire, non ?

C'est ce que répondent les responsables des industries qui écrivent en gros sur leurs emballages des mentions trompeuses ou induisant une confusion… oui : vous savez lire. La preuve, vous êtes nombreux à lire électroniquement, sur Internet… mais vous ne savez plus « lire » un emballage alimentaire.

Strabisme ?

Non : détournement de regard. Comme un taureau fonce bille en tête sur un tissu rouge en mouvement, le consommateur pose ses yeux sur les mentions qui l'aguichent le plus. Ce que j'appelle des emballages racoleurs, comme des péripatéticiennes qui ne montrent toujours que le bout de gigot montrable, bien emballé de résille pour que le consommateur puisse croire que tout ça cache le meilleur.

Aucune information : rien que de la propagande.

Des gros titres, des acclamations racoleuses... mais pour savoir l'essentiel, il faut tourner le dos de l'emballage, prendre une loupe, un microscope parfois, et un dictionnaire souvent, pour comprendre comment et pourquoi la bouteille de glycérophosphate a chu dans la gamelle...

Si certains d'entre nous préfèrent se voiler la face, jouer les autruches et tourner l'œil vers un avenir plus glorieux, c'est sans doute car rien ni personne ne propose une solution d'avenir. Car il faut bien manger, diantre. Et les emballages propres sont assez rares.

Lisez, lisez !

Tout comme il a été récemment prouvé que l'on pouvait faire le tour de France sans dopage, on peut faire des compotes sans colorant, des biscuits pur beurre, pur sucre de canne, des purs jus de fruits sans rien ajouter d'autre puisque ça s'appelle « jus de fruits »...

Ça demande plus de travail, oui. Plus d'éthique, surtout. Et ça, ça n'a pas de prix.

4. Pourquoi se priver du superflu quand on peut se passer de l'essentiel ?

Avez-vous remarqué que les publicités les plus criantes, les allégations les plus prétentieuses et bruyantes étaient souvent faites sur des aliments facultatifs ?

Du cola, des trucs à tartiner, des barres chocolatées, des croquettes pour le matin, des rillettes, de la crème fraîche, les bonbons, les glaces... Bref : que du superflu !

Et si on ne devait se nourrir que de ces aliments, comment accéder au « nirvanesque » équilibre nutritionnel ?

Avez-vous remarqué que les gens trop gros étaient souvent gros consommateurs d'aliments facultatifs allégés ? Et ce, au détriment des aliments essentiels comme le pain, les laitages, les fruits et légumes...

N'est-ce pas la meilleure façon de ne plus jamais avoir de problème nutritionnel ? Ne plus manger que des aliments simples ?

Par exemple, vous êtes seul chez vous à midi et déjeunez rapidement. Un petit steak, une petite boîte de haricots verts, un yaourt nature et une pomme. Vous avez non seulement l'équilibre nutritionnel, et vous ne vous ruinez pas (vous pouvez prendre toute autre chair comme un œuf, une escalope de volaille ou un petit maquereau) et vous avez un repas copieux en volume pour environ 500 Kcalories.

Alors qu'en prenant un cordon bleu, une salade toute prête, un laitage fantaisie et un biscuit, vous avez au moins 800 Kcalories, pas du tout l'équilibre ni les micronutriments dont votre corps aurait eu besoin. Et franchement, le temps de préparation entre les deux menus est le même.

Alors qui osera le dire ? Plus vous choisirez des aliments simples dans vos menus et plus vous tendrez vers l'équilibre. En choisissant toujours une crudité et une cuidité dans chacun des repas principaux, vous êtes déjà garanti d'un certain équilibre. Y compris chez McDo. Allez-y en mettant dans votre poche une tomate pour commencer et une pomme crue ou en compote pour finir et votre honneur nutritionnel sera sauf avec un hamburger et des frites.

C'est logique, non ?

Finalement, ce n'est pas sorcier, la nutrition !

Chapitre 2

NUTRITION, INSTINCT, RÈGLES OU PLAISIR ?

Est-il toujours nécessaire de faire un rappel des grands principes de l'équilibre alimentaire quand tout ce qui se mange se cache, se grime, se travestit ? Existe-t-il un mode d'alimentation idéal ? Nos besoins, nos envies... et Dieu dans tout ça ?

Connaissez-vous le meilleur conseiller en nutrition que vous pouvez vous offrir ?

C'est vous !

Alors, reprenez confiance !

1. Existe-t-il un mode d'alimentation idéal ?

Cette question lancinante revient régulièrement en consultation... Existe-t-il un mode d'emploi nutritionnel, un cadre rigide, un carcan, bref une base alimentaire journalière incontournable qui varierait, bien sûr, en fonction de l'âge, du sexe, etc. ?

Et les mangeurs sont nombreux à réclamer un cadre rigoureux, des règles basiques à suivre pas à pas, une sorte de « règle du jeu » inévitable avec laquelle nous pourrions garder un cap nutritionnel. Ce besoin est bien légitime… les hommes ont besoin de règles, sans lesquelles ils se laissent aller.

Il y a deux façons de lire cette question : soit avec un œil de praticien qui fait attention à son patient qu'il connaît bien et qu'il a en face de lui ; soit avec un œil d'épidémiologiste ou de responsable de la santé publique. Il se base alors sur des statistiques et mettra l'accent sur les « écarts nutritionnels », donc carence, déficience ou pléthores – pour proposer des menus ciblés.

En fait, nous sommes tous différents : cela ne vous a pas échappé. Et la plupart d'entre nous sommes capables de nous adapter à tout et à presque n'importe quoi.

Mais si je prends la question au premier degré, c'est-à-dire pour une femme adulte, vivant en France, âgée d'environ 25/40 ans, je vous dirai ceci : les règles alimentaires sont banales, bateau, ringardes, éculées, anciennes… pas très vendeur comme introduction ! Et c'est sans doute pour cette raison que les règles fondamentales sont si peu présentes des médias (journaux ou télévision) : car ce que je vais vous dire maintenant, vous le savez déjà, il n'y a donc rien de neuf, et c'est loin de faire un *scoop* !

Or, pour vendre de l'audimat, il faut du scandale ou de l'extraordinaire.

2. Nutrition régionale

Nous ne sommes pas tous égaux ni face à la santé, ni face à la nutrition... Et pour répondre à une des préoccupations récurrentes des mangeurs, non ! Il n'y a pas de recommandation universelle en nutrition.

Si, en France, on écrit un livre entier sur les recommandations nutritionnelles (apports nutritionnels conseillés pour la population française – AFSSA), celles-ci ne concernent que les Français. Pas les Touaregs ni les Inuits, encore moins les Japonais ou les Camerounais...

Car enfin, chacun d'entre nous est la résultante de données diverses et complexes, équation délicate entre la génétique, les habitudes sociales, l'environnement... le climat, la qualité de la vie et l'état sanitaire. J'en passe.

Ainsi, ce qui peut être bon pour les uns serait très mauvais pour les autres. Regardez, par exemple, la recommandation de consommer cinq fruits et légumes par jour. Elle ne peut être proposée aux populations qui vivent dans un environnement très pollué. C'est le cas de certaines régions européennes.

Manger du poisson ? Oui si vous êtes en France, pas sûr si vous êtes dans certaines contrées où le poisson est une source importante de toxines ou de métaux lourds.

En dehors de ça, s'il est vrai que nous avons besoin de 1 800 Kcalories (femmes peu actives) à 3 500 Kcalories par jour (homme actif), ce ne sera plus vrai pour un pêcheur islandais, une femme bédouine ou un bonze tibétain.

Aussi vous recommanderai-je d'être philosophe et prudent dans l'écoute que vous portez aux recommandations et conseils de tous bords.

Ce qu'il vous faut? Fermez les yeux et écoutez votre corps : il le sait, lui.

Focus

Tant pis ! Je vais faire dans le banal et vous livrer quelques règles simples :

- Il est important de garder un poids constant, le plus proche possible de votre poids de forme. Avec l'âge, on a tendance à prendre du poids. Surveiller cette prise de poids afin qu'elle soit la plus limitée possible si vous partez d'un poids « normal ». Pour cela, pesez-vous environ une fois par semaine et réagissez rapidement en cas d'écart.
- Si votre mode alimentaire est « classique », alors vos apports nutritionnels sont bons à excellents pour la plupart des nutriments, sauf :
  - un risque de ne pas avoir assez de calcium (trois produits laitiers par jour sont nécessaires) ;
  - un risque de ne pas avoir assez de magnésium (pain complet, légumes secs chaque semaine) ;
  - un risque de ne pas avoir assez de zinc, pas assez d'acides gras essentiels (les oméga 3) et de vitamine E.
- D'un point de vue pratique, mettez des fruits et des légumes dans votre vie, y compris légumes secs. Mangez du poisson ou des fruits de mer (y compris sardine à l'huile et thon en boîte) au moins deux fois par semaine. Mangez de la viande, mais à un seul des deux repas. Mangez du bon pain tous les jours (complet de préférence). Et limitez la consommation d'aliments facultatifs : fritures, confiseries, alcool et boissons sucrées, charcuteries, pâtisseries...

Bref ! Tout ça, vous le savez déjà.

Alors choisissez vos aliments parmi ceux que vous préférez, et régalez-vous !

3. Boire ou ne pas boire 1,5 litre par jour ?

Je parle d'eau, bien sûr !

C'est une bataille qui se poursuit encore aujourd'hui, après une forte polémique lancée par quelques médecins à l'âme rageuse…

Alors que les marques disaient et faisaient dire qu'il fallait impérativement boire un litre et demi d'eau par jour, certains ont dit « non, c'est bien trop » !

Alors que penser ? Encore une fois, le mangeur est pris entre deux feux, deux messages contradictoires pourtant émis, semble-t-il, par des spécialistes en nutrition (mais le sont-ils vraiment ?).

Il faut savoir que le corps est constitué majoritairement d'eau. Chaque jour, il perd de l'eau : par les urines – c'est la partie visible de l'iceberg ! –, mais plus encore par la respiration. Tentez l'expérience en positionnant un miroir sous votre nez respirant : il se couvre de buée en une goulée. En faisant le même test en plein désert, vous pourriez évaluer la grande quantité d'eau ainsi perdue chaque jour, à notre insu.

En plus, on a l'eau dépensée pour la transpiration et qui sert de radiateur de survie à l'organisme. Heureusement qu'elle est là, cette transpiration !

Ajoutez l'eau des selles et vous avez l'essentiel des dépenses hydriques.

Au total, cela peut faire un litre, deux litres, trois litres… selon votre activité physique, la température et l'hygrométrie de votre lieu de vie.

Maintenant, voyons les apports en eau. Il y a d'abord l'eau de boisson ; cela va de 100 % d'eau pour l'eau simple, 99 % pour le thé, café, tisane, 97 % à 80 % pour les autres boissons plus ou moins éthyliques… Puis il y a l'eau alimentaire ; si vous mangez comme un herbivore, au moins 5 fruits et légumes par jour, vous consommez 1 litre ou plus d'eau. Si vous mangez comme un lapin d'appartement, vous consommez des croquettes américaines et toutes sortes de granulés et de concentrés divers qui apportent environ 5 % d'eau : il vous faut donc boire, boire, boire pour avaler et métaboliser tout ça !

Au total, selon votre mode de vie, vous pouvez avoir besoin de 1 litre à… 3 ou 4 chaque jour.

Alors résumer les besoins hydriques à 1,5 litre peut sembler simpliste. Oui. Mais c'est une simplification intéressante et parlante qui va concerner une bonne majorité de consommateurs français. Pour les quelques rares qui sont plutôt « verts », adaptez votre consommation d'eau à vos envies.

Un seul bon repère valable pour vous tous, bien plus efficace que le « Buvez 1,5 litre par jour », c'est « Le plus important est de pisser un litre par jour ».

Moins gracieux pour une publicité télévisée ? Vous imaginez ? Ce serait à pisser de rire !

4. Composition corporelle et poids

Quelles sont les caractéristiques anatomiques les plus importantes ? Le poids ou la composition corporelle ?

L'organisme d'un homme de 70 kg contient environ 300 à 500 g d'hydrates de carbone ou glucides sous forme de glycogène hépatique et musculaire (c'est la seule réserve de « sucre » qu'il contient), 6 kg de protéines constituant le parenchyme des organes et le muscle, ainsi que 7 à 15 kg de lipides sous forme de tissu adipeux sous-cutané et viscéral.

FOCUS

Le poids de forme : c'est quoi ?

On en parle souvent, mais personne ne connaît cette Arlésienne-là ! Vous êtes nombreux à demander ce qu'est réellement le poids de forme et comment le reconnaître...

Il y a plusieurs façons de le savoir :

- Votre poids de forme est – pour les hommes – équivalent à votre nombre de centimètres de taille après le mètre (je mesure 1,60 m donc mon poids de forme est 60 kg). Pour les femmes, c'est pareil mais vous enlevez 10 (Pour 1,60 m, mon poids de forme est 50 kg).
- C'est le poids dans lequel vous êtes le plus tonique, le plus heureux, le plus dynamique... en dessous duquel il vous manque quelque chose, au-dessus duquel vous vous sentez un peu lourd...
- C'est le poids que vous aviez à l'âge de 20 ans.

Avec tout ça, évaluez votre propre poids de forme.

Selon la forme générale de votre silhouette – grand ou petit, ossu ou non, musclé ou non, androgyne ou non... –, selon vos antécédents et votre origine ethnique, vous pourrez évaluer ce qui convient le mieux à votre corps en termes de poids.

Ainsi, une femme de 30 ans qui mesure 1,60 m, peut avoir comme poids de forme entre 47 et 56 kg.

Oubliez les diktats de la beauté artificielle retouchée des magazines et regardez-vous bien vivre.

Si vous êtes face à Musclor, il y aura un peu plus de protéines et peu de lipides. Si vous êtes en face du Bibendum, il y aura un peu plus de lipides et autant de protéines. Tout ça, bon an mal an, nous fait un total inférieur à 20 kg, sur 70.

Et le reste ? Il y a un peu de minéraux – les os, les dents, mais ça n'ajoute que 2 ou 3 kg. Le reste est de l'eau, bien sûr !

Le fœtus comporte 75 % d'eau. Le jeune enfant 70. Le vieillard plutôt 55 %... Vous comprenez donc combien l'eau est primordiale pour votre santé, pour votre vie, et l'indicateur d'âge corporel. Alors, à votre santé !

5. Y a-t-il un pilote dans nos idées nutritionnelles ?

Parfois, une idée passe et hop ! On l'attrape au vol. Et dans ce geste, parfois, on n'en attrape qu'un bout.

Et souvent, c'est le mauvais bout. On attrape le début de l'idée, mais on laisse le sens s'envoler... dommage.

Ainsi, « le sucre est mauvais »... « quand on en mange trop ». Mais la fin de la phrase n'intéresse personne, alors elle a fini par s'évanouir dans les nuages. Mais en fait, pourquoi mangez-vous trop de sucre ? Est-ce que je mange trop de moutarde, moi ? Ou trop de saucisson ? Alors pourquoi mangeriez-vous trop de sucre ?

... Dormir les yeux ouverts et vivre les yeux fermés ?

Pourquoi les boissons sucrées sont-elles à limiter ? Parce qu'elles sont riches en sucre et qu'il faut donc les boire avec discernement. Un peu comme vous buvez du vin : un verre, ça suffit. J'entends déjà maugréer les Creusois qui aiment bien les boissons fermentées... Mais justement : si vous considériez une boisson sucrée comme du vin, peut-être en boiriez-vous moins ? Et sans doute auriez-vous dit à vos enfants qu'il faut en boire raisonnablement.

Car aujourd'hui, les enfants ignorent que les boissons sucrées se boivent dans les moments de fête et de partage, avec les amis ou la famille, comme on boit l'apéro. En fait, ils boivent ça comme de l'eau.

Et justement, ce n'est pas de l'eau !

Alors en nutrition, le juste milieu existe entre les règles strictes et dictatoriales, et le plaisir, l'instinct, l'animalité qui est en chacun de nous.

6. Pourquoi mange-t-on ? Comment choisit-on ses aliments ?

Le comportement alimentaire est un mécanisme complexe qui est l'aboutissement de phénomènes convergents, divergents, antinomiques parfois, synthèse de processus physiologiques (j'ai faim !), sociologique (« c'est l'heure »), hédoniques et culturels…

Pour comprendre pourquoi et comment on passe à l'acte alimentaire, des spécialistes se sont penchés sur nos assiettes.

Pourquoi allez-vous manger à cet instant, et pourquoi tel ou tel aliment ?

La sensation de faim (physiologique, symbolique pathologique…) est souvent génératrice du mouvement. Elle n'est pourtant pas suffisante.

L'environnement (à la maison, au travail, habitude, appétence) est influent.

Votre état psychologique (stress, compensation) peut aussi devenir primordial.

Et des facteurs plus matériels : la disponibilité, l'accessibilité, le prix, l'offre produits, la facilité de préparation…

7. Sensation de faim

La faim est un état physiologique pour appeler à la fourniture de besoins d'abord énergétique, puis elle signifie un besoin en nutriments : fibres, apports hydrominéraux, vitaminiques, phytonutriments, antioxydants…

Le déclenchement de la faim est opéré par la vue, le nez, l'appétence, l'imaginaire positif, mais aussi, l'opportunité, la disponibilité, l'accessibilité : c'est prêt, facile, non coûteux. Les habitudes alimentaires de la famille, la composition habituelle des menus et la consommation des parents (l'exemple parental) sont très importants pour l'enfant. Au bureau, au restaurant d'entreprise, certains comportements sont permis, ailleurs, non !

8. Sensation de satiété

La satiété est un état de plénitude et de satisfaction nutritionnelle. Matérialisée dans un premier temps par le volume du bol alimentaire, la durée du repas, puis par le déclenchement de la digestion, puis… le transit, c'est la satisfaction des besoins nutritionnels intimes.

Les facteurs environnementaux et psychologiques peuvent nous amener à une consommation trop riche en calories et pauvre en fruits et légumes :

- la surabondance alimentaire ;
- le manque d'informations ou au contraire, le trop d'informations ;

- l'accessibilité (prix) des aliments à forte densité énergétique *vs* les aliments à forte densité nutritionnelle ;
- la proximité et disponibilité des aliments ;
- la déstructuration des repas ;
- la perte des repères familiaux.

Pourquoi doit-on réapprendre le comportement alimentaire ?

L'évolution des modes de vie a bouleversé l'offre alimentaire et nos modes de consommation. Les repas déstructurés, déséquilibrés, parfois, la prise alimentaire anarchique.

Nous avons besoin d'apprendre de **nouvelles règles** pour nous adapter à notre nouvel environnement, en connaissant mieux les **nouveaux aliments**.

Il faut donc sensibiliser les consommateurs sur les « bons » et les « moins bons » comportements alimentaires.

9. À propos de nos envies

Manger pour être bien dans sa peau et dans sa tête… c'est le rêve de chacun de nous. Surtout que nous avons tous l'intime conviction que certains aliments nous énervent, d'autres nous apaisent ou nous font du bien.

Les scientifiques ont tenté de faire un bilan des aliments bons pour le moral…

Manger pour protéger son « capital moral »

Plusieurs études scientifiques ont pu démontrer l'impact de la consommation de glucides sur le bien-être physique et moral, et plus particulièrement l'apport des sucres simples. En effet, celui-ci induit la synthèse de sérotonine au niveau du cerveau – opiogène naturel qui procure une sensation de bien-être et de réconfort. Ainsi, l'attachement de certains consommateurs à des aliments particulièrement sucrés pourrait s'expliquer par le bien-être qu'ils procurent. Les accros au chocolat sont de ceux-là, même s'il est vrai que le chocolat contient des nutriments qui ont, eux aussi, un rôle pour le moral.

Aussi le sucre est-il considéré comme un aliment apaisant. Est-ce pour cela que les enfants « tombent » dans les pots de confiture, et les adultes se relèvent parfois la nuit pour manger une part de gâteau ou de la glace à la vanille ?

Les applications pratiques de ces découvertes concernent essentiellement le traitement des dépressions nerveuses et les états mélancoliques, pour lesquels un régime hyperglucidique est prescrit.

Le lait chaud pour s'endormir ?

Le spectateur reste toujours émerveillé et silencieux devant le bébé repu de sa tétée et qui sourit aux anges dans son sommeil béat. Des chercheurs français[1] ont pu montrer et isoler la molécule responsable. Il s'agit d'un fragment particulier d'une des protéines de lait – la caséine – qui a des propriétés particulières contre le stress. Ce peptide a par la suite démontré un pouvoir antistress équivalent aux benzodiazépines – les anxiolytiques – sans en avoir aucun des effets secondaires. Ce peptide est aujourd'hui employé dans certains compléments alimentaires antistress et son efficacité est particulièrement intéressante pour les gens actifs qui veulent garder tous leurs moyens.

1. L'équipe INGREDIA à Arras.

C'est ce même peptide qui est à l'origine du conseil de nos grands-mères pour apaiser les enfants pour la nuit : **le verre de lait chaud additionné de miel** a des propriétés naturellement apaisantes dues au même peptide.

Magnésium et vitamines du groupe B

Pour l'équilibre nerveux, certains nutriments précieux jouent en synergie.

Tout d'abord le **magnésium**, qui est impliqué dans la transmission de l'influx nerveux. Sachant que la majeure partie des femmes en est déficiente, car elles se privent, à tort, des aliments qui en sont les plus riches, comme les céréales complètes, les légumes secs, le cacao dégraissé… Associé aux **vitamines du groupe B**, elles-mêmes indispensables pour le tissu nerveux et la concentration (vitamines B2, B6 en particulier), le magnésium permet de mieux nourrir son équilibre intérieur propice aux instants de concentration intellectuelle comme aux moments d'introspection.

Focus

Où trouver le magnésium et les vitamines du groupe B ?

Les champions du magnésium : céréales complètes, légumes secs, pain complet, cacao dégraissé, crustacés et coquillages (bulots, bigorneau, crabe).

Les vitamines du groupe B : céréales complètes, légumes secs, viande de porc, dans la levure de bière (à saupoudrer dans votre menu).

Souvent, une irritabilité perturbe la vie quotidienne. Une déficience en magnésium et en vitamines du groupe B en est responsable. Mais ces troubles peuvent aussi venir d'autres lacunes. Ne recherchez pas à augmenter votre consommation de vitamine C. Pensez plutôt au fer, dont le manque peut vous laisser sans courage, sans entrain (coquillages, viande, foie, boudin).

Les oméga 3

Les acides gras essentiels comme les oméga 3 construisent et nourrissent le cerveau et le tissu nerveux. Malheureusement, ce phénomène cesse à l'âge de 2 ans, lorsque le cerveau a atteint sa taille idoine. Les oméga 3 que l'on pourra consommer ensuite seront utiles aux membranes cellulaires et à l'équilibre des lipides dans le sang. Ils joueront un rôle important dans la prévention cardio-vasculaire et dans celle des cancers. Mais pour la mémoire ou la concentration, n'en attendez pas trop !

Les aliments qui énervent

Ils sont nombreux à exciter, titiller, énerver, voire à effacer les traces de fatigue. Les **épices** comme le piment ou le poivre, les plantes aromatiques comme la menthe, la cola, le guarana, le thym ou la sarriette, les **boissons alcoolisées**, la **caféine** ou la **théine**... sont autant de principes actifs qui stimulent, parfois même un peu trop. Le café peut, en effet, développer des propriétés cardiotoniques importantes allant jusqu'à provoquer des désordres du rythme.

En revanche, et contrairement aux idées reçues, la **vitamine C** n'induit pas d'insomnie ni d'excitation. Au contraire, elle apporte la vitalité nécessaire à une bonne santé au quotidien.

D'autres chercheurs ont pu montrer qu'une consommation importante de **protéines d'origine animale** (viandes) pouvait avoir des effets sur l'humeur en la rendant plutôt mauvaise. Chez l'animal, les consommations trop importantes de viandes et de sang provoquent de l'agressivité, parfois même du cannibalisme chez les poissons en captivité.

Une étude[1] réalisée sur le petit-déjeuner a montré qu'il existait un lien entre la composition du petit-déjeuner et l'humeur. Pas assez de protéines induit un manque d'entrain et une baisse de forme, mais trop de protéines énervent, excitent et rendent un brin agressif.

Pour avoir une vie sereine et équilibrée, il est nécessaire de respecter les besoins de son corps en termes de nutriments, mais aussi de répartition de l'énergie au long de la journée. Tout excès nuit – est-il besoin de le rappeler ?

1. Source : J. Louis-Sylvestre pour Nestlé.

Chapitre 3

COMMENT BIEN CHOISIR SES ALIMENTS DANS LES RAYONS ?

Les rayons des magasins et des grandes surfaces alimentaires débordent de produits connus ou nouveaux, et leur nombre est tel qu'une vie ne suffit plus pour les essayer tous. Choisir une boîte de petits pois ou un sachet de biscuits demande aujourd'hui beaucoup de connaissances, comme la lecture, l'écriture, la biochimie, la nutrition, le marketing, l'économie et les aspects réglementaires de la concurrence et de la consommation…

Pire encore, ces produits étaient inexistants pour leur grande majorité lorsque vous étiez petit, ce qui fait que ni votre mère ni votre grand-mère n'ont pu vous en expliquer le contenu ni le pourquoi. Au point qu'aujourd'hui, 80 % des consommateurs restent perplexes et dubitatifs, lorsqu'ils ne sont pas méfiants, voire récalcitrants, face à ces emballages colorés, aguicheurs et énigmatiques.

Alors ? Besoin d'aide ?

1. Ce qui influence notre choix

Qu'est-ce qui nous fait choisir un produit plutôt qu'un autre ? Pourquoi parmi les 240 références de biscuits du rayon (je n'exagère pas, c'est la moyenne nationale d'un hypermarché), avons-nous choisi les Prince plutôt que les BN ?

Ces questions, vous vous en doutez, intéressent au plus haut point tous les responsables marketing de la planète alimentaire et, dans le cas présent, les chefs de produit de chez LU (qui commercialise les Prince) et United Biscuits (qui commercialise les BN) sans oublier le chef de rayon du magasin dont une part du salaire dépend du rendement du rayon !

Si, comme moi, vous pensiez naïvement être seul maître à bord de votre caddie, si vous pensiez que l'influence des industriels et des distributeurs se limitait à des *spots* publicitaires, voire à des prospectus, vous allez tomber de haut. Je ne saurais trop conseiller aux naïfs de s'abstenir, quitte à passer directement au paragraphe suivant, car certaines scènes de ce chapitre, dont la ressemblance avec la réalité n'a rien de fortuit, pourraient faire voler en éclats le peu de certitudes qu'il vous reste !

Car pour connaître et décoder nos comportements et motivations d'achats, les gens de marketing dépensent des fortunes dans des études qui nous sondent, nous testent, analysent nos moindres gestes, nos moindres battements de cils devant le linéaire.

Résultat des courses, on apprend que depuis 2003 nous passons 8 minutes de moins chaque semaine à les faire (les courses !). En effet, il semble que nous consacrions jusque-là 2 h 28 min chaque semaine dans notre quête de nourriture et que désormais ce n'est plus que 2h20… découverte majeure me semble-t-il ! Sept heures gagnées par an (on ne sait pas si c'est cumulable en une journée de RTT !). Je ne sais pas comment, de votre côté, vous utilisez ces 8 minutes durement économisées? Moi, je vais les laisser sur ma carte de fidélité, des fois qu'en fin d'année, ça me donne droit à un tour gratuit !

Autre découverte digne du Nobel: nous passons en moyenne 30 secondes pour choisir un produit. Si, si, il y en a qui sont payés pour nous chronométrer dans les rayons, il faut le savoir… *Big Brother is watching you* !

Nous voilà donc dans le rayon des biscuits, nous avons déjà passé 2h15 à faire les courses cette semaine, si l'on veut tenter le record, il reste 30 secondes pour choisir, top chrono ! Le regard balaye le rayon en oubliant l'étagère la plus haute et les deux plus basses, là où se trouvent les produits les moins lucratifs pour le magasin (eh oui ! Eux aussi font des études). Il oscille en diagonale et finalement s'arrête dans le secteur des biscuits fourrés, qui bien sûr était à l'autre bout du rayon pour que nous puissions passer 29 secondes sur les 30 à être éventuellement tentés par autre chose.

Car dans le magasin, tout est étudié, « screené », analysé pour que, d'une part, nous y passions le plus de temps possible et, d'autre part, nous y achetions le plus de choses possible (c'est de bonne guerre !).

Si les fruits et légumes sont à l'entrée des supermarchés, ce n'est pas un hasard: vous serez ainsi obligé de le traverser, ce qui n'aurait pas été le cas autrement. En effet, certains rayons sont plus fréquentés que d'autres. Certains, même, sont systématiquement visités par tous les clients du magasin. C'est le cas du rayon « eaux » qui, ça ne vous aura pas échappé, se trouve toujours au fond du magasin. L'eau comme le lait sont ce que l'on nomme des produits d'appel. Leur implantation au fond du magasin permet au distributeur de faire traverser tout le magasin aux clients, en espérant favoriser les achats d'impulsion[1]. Toutes les implantations du magasin ne répondent qu'à un seul objectif: vous faire dépenser plus que ce que vous aviez prévu.

De même, les haricots verts sont les produits les plus vendus du rayon conserve, ils sont donc implantés en toute fin de rayon (en fonction du sens de circulation), de façon à nous obliger à passer devant toutes les conserves, pour enfin les trouver.

Autre exemple: s'il y a une palette de vin blanc à côté du rayon poisson, ce n'est pas non plus un hasard. Une des plus grandes tendances dans le *merchandising* des points de vente est l'apparition de logique d'implantation non plus en fonction d'un secteur (le vin avec les boissons alcoolisées), mais en fonction d'une utilisation (le vin blanc s'accorde avec le poisson). En poussant la démarche un peu plus loin, on devrait également trouver le citron et les rince-doigts!

Avez-vous noté qu'en rayon, les produits les plus lucratifs sont toujours placés au niveau du regard?

Attention, qui dit produit lucratif pour un magasin ne dit pas forcément le plus cher, mais plutôt celui qui rapporte le plus en termes de marge, en fonction de son exposition en linéaire (combien de place il occupe) et de ses rotations (coûts liés au stockage et à la fréquence

1. Les achats d'impulsion représentent la différence entre l'ensemble des produits qui se trouve dans votre caddie et ceux qui se trouvaient sur votre liste de course.

de la mise en rayon). Vous ajoutez à cela, bien sûr, l'âge du capitaine et vous obtenez le rayon optimal pour nous faire acheter deux fois plus de choses que prévu. Car la pire ennemie du chef de rayon est aussi la meilleure alliée de notre porte-monnaie et même de notre balance... la liste de courses !

Allons-nous laisser des experts en *merchandising* diriger nos caddies, des docteurs ès marketing gouverner nos assiettes ? Non mais, qui est-ce qui commande ?

Et si nous nous accordions plus de temps pour faire un meilleur choix ? Un choix qui serait guidé par nos papilles, nos envies, nos souvenirs, notre enfance, ce qu'on aime... en accord avec notre banquier et notre balance (il faut rester réaliste).

Voici quelques conseils et astuces pour faire son choix en toute connaissance de cause.

2. L'avis du banquier et celui du médecin

Si l'on en croit les sociétés d'études (il faut bien justifier leurs salaires à un moment de ce chapitre !), les deux premiers critères d'achat alimentaire sont le prix (pour 78 % d'entre nous) et la date de péremption (pour 71 %). Loin derrière, arrivent la provenance (34 %), la composition nutritionnelle (29 %) et la liste des ingrédients (27 %)[1].

L'alimentation est le poste budgétaire sur lequel on fait le plus attention au prix. Du reste, ce poste de notre budget a baissé de 6 % au cours des trente dernières années.

1. Source : « Les Français et l'alimentation » sondage TNS Sofres pour les 2e assises de l'ANIA, février 2008.

Évolution du coefficient budgétaire du poste alimentation y compris la restauration et les boissons alcoolisées

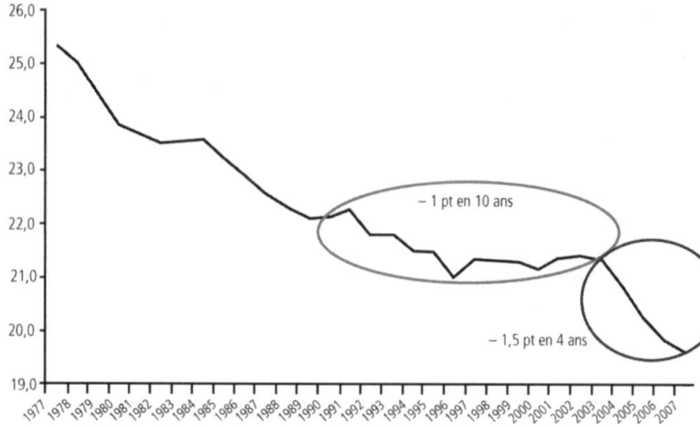

Source : INSEE, comptabilité nationale

Ce qui est paradoxal, c'est que le passage à l'euro a engendré un fort sentiment de hausse des prix pas toujours justifié. Prenons l'exemple des fruits et légumes frais : 94 % des consommateurs estiment qu'ils ont beaucoup augmenté lors du passage à l'euro alors que, dans les faits, le prix des légumes a baissé de 1 % et celui des fruits de 5 %[1]. À se demander si on ne chercherait pas de mauvaises excuses pour justifier notre faible consommation de fruits et légumes !

Je résume : nous avons le sentiment que « Tout augmente, ma pauv'dame », alors que dans le même temps on dépense moins pour se nourrir... Si je dépense moins et que c'est plus cher... alors c'est que j'en achète moins... Pourquoi, alors, est-ce que je continue de grossir ? Cherchez l'erreur !

« La panthère noire est l'animal le plus dangereux après la moule pourrie ! »[2]

---

1. Source : « Étude sur la perception par les consommateurs des produits frais », CREDOC, 2007.
2. Source : Jean-Marie Gourio, *Brèves de comptoirs.*

Deuxième critère d'achat : la date de péremption. Voilà une habitude qui est bien ancrée dans nos mœurs. Grâce à la mise en place de la traçabilité et de nouvelles règles de qualité et d'hygiène, l'alimentation n'a jamais été aussi sûre qu'aujourd'hui. Le nombre de décès par intoxication est tombé, selon un rapport du Sénat, de 15 000 en 1950 à 150 aujourd'hui[1]. Mais un produit périmé est peut-être moins nocif que la prolifération des bactéries dans nos frigos à l'hygiène douteuse (vous rappelez-vous la dernière fois que vous l'avez nettoyé ?).

3. De l'importance des petites lignes

À l'instar de toute personne cherchant à se vendre, le produit alimentaire aguicheur cherche à mettre en avant ses atouts et à cacher ses défauts. Oui je sais, vous allez me dire que vous connaissez des personnes, peu avisées (souvent les belles-mères), qui font le contraire, mais attachons-nous ici à la règle générale, nous traiterons des exceptions plus tard.

Le produit alimentaire aguicheur affiche en gros ce qu'il cherche à vous vendre et en tout petit ce que la réglementation lui impose.

Eh oui, car si à l'issue du chapitre précédent on était en droit de se demander ce que fait la police, sachez qu'elle réglemente et qu'elle veille de son mieux ! Mais encore faut-il aux *vulgum pecus* que nous sommes de connaître les règles et de détecter les dérives… Suivez le guide !

---

1. Source : « Les nouveaux apports de la science et de la technologie à la qualité et à la sûreté des aliments » (tome 1) Sénat.

Concernant l'étiquetage de toute denrée emballée, deux grandes règles doivent être respectées :

- L'étiquetage doit faire figurer diverses informations qui renseignent objectivement le consommateur. Elles doivent être rédigées en français.
- L'étiquetage doit être loyal et ne doit pas induire le consommateur en erreur (composition du produit, origine…).

La réglementation française prévoit donc un certain nombre de mentions obligatoires devant figurer sur le packaging d'un produit industriel. En premier lieu, tout fabricant est tenu d'indiquer une description de son produit. La loi prévoit un certain nombre de dénominations pour les produits les plus courants (lait, beurre, chocolat, jambon…). Mais la multiplication des produits et la faculté des industriels à innover en permanence font que la loi ne peut proposer de dénomination légale pour chacun. C'est pourquoi, lorsque le produit s'éloigne de la composition originelle, il y a obligation pour le fabricant de le décrire au plus près de ce qu'il est.

Prenons un exemple : pour avoir une dénomination « fromage », le produit ne doit être composé que de lait, sel, ferment et présure (éventuellement du colorant de croûte). Si quelque chose d'autre lui est ajouté, le produit devient « spécialité fromagère ».

De même, une dénomination « beurre » implique que le produit n'est constitué que de crème et de ferments avec un taux de matières grasses de 82 %. Dans le cas de produit allégé et/ou enrichi, l'obligation de description s'applique et le produit devient une « matière grasse laitière ».

Beurre tendre

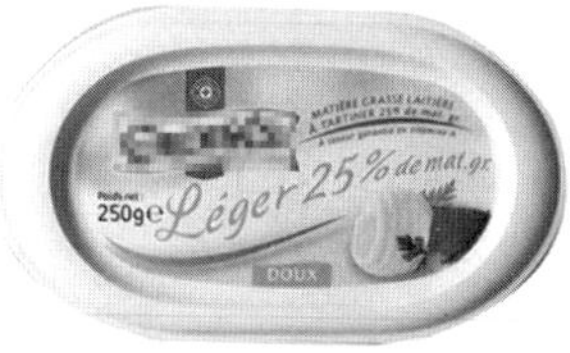

Matière grasse à tartiner
25 % MG à teneur garantie en vit. A

Comme on le voit sur cet exemple, d'un côté l'on affiche en gros que c'est du beurre tendre et on cache son taux de matières grasses, de l'autre, on met en avant le côté allégé et on cache les matières grasses laitières, moins vendeuses il est vrai.

Cette dénomination de vente est donc capitale, car elle permet de déjouer les astuces de certains industriels qui voudraient nous faire prendre des vessies pour des lanternes, notamment en conservant l'apparence du produit traditionnel, au risque de nous induire en erreur. En effet, nous avons en tête certains codes (par exemple, la bouteille blanche à bouchon bleu pour le lait) et, rappelons-le, nous ne passons que 30 secondes dans chaque rayon.

Un produit en bouteille avec un bouchon bleu qui se trouve dans le rayon lait avec les codes couleur habituels devrait être du lait. Pourtant, nous pouvons parfois retrouver du jus de soja ou des breuvages à base de lait avec des huiles de poisson qui se cachent au milieu !

En un coup d'œil, la dénomination légale va vous permettre de savoir ce que vous vous préparez à acheter.

Lait stérilisé UHT demi-écrémé
Naturellement riche en oméga 3

Boisson stérilisée UHT à base de lait
et d'huile riche en oméga 3 (poisson)

MEMO

Si la dénomination légale vous saute aux yeux, c'est qu'il n'y a rien à cacher. Dans le cas contraire... cherchez l'erreur !

Prenez ces quelques secondes supplémentaires, elles vous permettront de faire un meilleur choix.

4. Qu'est-ce qu'on mange ?

Un autre élément pour nous aider à faire notre choix : la liste des ingrédients. Là encore, il y a obligation pour le fabricant de faire figurer la liste **complète** des ingrédients et additifs qui entrent dans la composition du produit, et ce « *dans l'ordre décroissant de leur importance pondérale au moment de la mise en œuvre* ». Ce qui, en langage clair, veut dire que le premier ingrédient cité désigne le plus présent dans le produit, et le dernier est le moins présent.

En reprenant l'exemple précédent, on notera des différences significatives dans les compositions des produits :

- Beurre tendre : crème et ferments lactiques.
- Léger 25 % : eau, beurre, émulsifiants : E471, E476, stabilisants : E440, E401, sel 0,6 %, maltodextrine, conservateur : E202, béta-carotène, E330, provitamine A.

Donc, dans le cas du produit Léger 25 %, l'ingrédient principal qui vous est vendu est l'eau ! Par déduction, on peut évaluer à environ 65 % sa teneur en eau, car il faut 30 % de beurre à 82 % de matière grasse pour atteindre 25 % de matière grasse dans le produit fini... Reste à savoir si pour atteindre le même plaisir qu'avec du vrai beurre, il ne faut pas en mettre 3 fois plus !

Surtout, il est déconseillé de faire cuire cette « matière » sous peine de la voir fondre comme... eau dans la poêle.

En outre, le fabricant est tenu d'indiquer, dans la liste des ingrédients, le pourcentage des ingrédients mentionnés dans la dénomination de vente. Par exemple, un chocolat au lait aux pépites de banane, éclats de noix de cajou et curry (si, si, ça existe !) devra spécifier dans sa liste d'ingrédients le pourcentage de pépites de banane, d'éclats de noix de cajou et de curry.

Là encore, le faible pourcentage de certains ingrédients, pourtant largement revendiqués, peut faire sourire.

Exemples :

- Moutarde aux olives et aux herbes de Provence (La Moutarde des Chefs) : le premier ingrédient est l'eau, les olives (1,8 %) arrivant en 6e position après le sel et le sucre et juste avant les herbes de Provence (1 %).
- Taillefine Petits Moelleux mandarine citron : la pulpe de mandarine concentrée n'arrive qu'en 9e position avec 1 % et on retrouve l'arôme citron en 13e !

Focus

Maintenant que vous savez que la liste des ingrédients est décroissante, amusez-vous à deviner les trois premiers ingrédients mis en œuvre dans les produits se trouvant dans vos placards ou dans votre réfrigérateur... Vous allez être surpris, mais pas toujours agréablement !

Allez, je me dévoue :

- Sauce cuisinée aux poivrons et aubergines (Champion collection) : le premier ingrédient mis en œuvre est l'huile de tournesol...
- Nutella, vous savez la pâte à tartiner avec des noisettes et du « bon » lait : sucre, huile végétale, noisettes (13 %), cacao maigre (7,4 %), lait écrémé (6,6 %), lactosérum en poudre, émulsifiant (lécithine de soja), arôme. Si on estime la somme des ingrédients hors sucre et huile végétale à environ 35 % (13 + 7,4 + 6,6 + ‹ 6 + ‹ 2 %), on peut en déduire que sucre + huile végétale = 65 % du produit... Miam !
- La palme revient aux boissons aux fruits comme, par exemple : Tropicana Smoothie fraise framboise, dont le premier ingrédient est : « pommes mixées » !

De même, devra figurer dans la liste des ingrédients le pourcentage des ingrédients mis en avant dans une allégation. Par exemple, des biscuits « riches en fruits » impliquent l'obligation d'indiquer le pourcentage de fruits mis en œuvre.

Et, là encore, on trouve de grosses surprises. Ayez la curiosité de regarder et de comparer. Pour une même allégation, les pourcentages d'ingrédients mis en œuvre peuvent être très différents.

Exemples :

- Le Petit LU aux fruits fraise-cassis, qui affiche un joli « Riche en fruits », ne contient que 5,7 % de purée de fruits concentrée.
- Le Savane Fruits de Brossard malgré ses « + 16 % de fruits » n'en contient que 5,5 %.
- En revanche, les Barquettes de Lu contiennent 29,5 % de fraises et le petit moelleux à la cerise de Bonne Maman contient 20 % de cerises semi-confites.
  Les fruits sont d'ailleurs, dans ces deux derniers cas, le premier ingrédient mis en œuvre dans la liste.

La liste des ingrédients nous renseigne également sur la qualité des ingrédients mis en œuvre – sucre de canne ou sirop de glucose, beurre ou matière grasse végétale hydrogénée –, ainsi que sur la présence d'additifs.

Les additifs font partie de notre alimentation depuis de nombreuses années. Ils ont été accusés de tous les maux, à tort ou à raison, mais rares sont les personnes qui savent qu'à majorité, les additifs sont naturels...

Depuis deux ou trois ans, la tendance est aux produits plus naturels. La chasse aux additifs est ouverte. Les produits affichent désormais leur naturalité à grand renfort de « sans conservateur », « sans colorant artificiel », « 100 % naturel »...

Là encore, si de telles allégations s'étalent en face principale, l'industriel devra les justifier dans la liste des ingrédients en précisant que les colorants ou les arômes sont naturels.

Remarque : la réglementation impose à l'industriel d'indiquer non seulement l'additif, mais également sa fonction (par exemple, « Émulsifiant : lécithine de soja ») et lui laisse le choix de préciser le nom de l'additif ou son code européen le fameux « E ». Le choix est de plus en plus cornélien pour l'industriel car, naturels ou artificiels, les « E » font peur aux consommateurs. Toutefois, ils présentent le double avantage d'être plus concis et parfois plus vendeur. En effet, E471 = mono et diglycérides d'acides gras… Miam !

Autre obligation dans l'étiquetage des ingrédients, plus récente celle-là puisqu'elle ne date que de 2003, est l'indication des ingrédients allergènes dits majeurs, comme le gluten, les crustacés, les œufs, le poisson, les arachides, le soja, le lait, les fruits à coques (amande, noix…), le céleri, la moutarde, le sésame et l'anhydride sulfureux et autres sulfites.

L'obligation concerne les allergènes utilisés en tant qu'ingrédient dans la formulation, mais également ceux mis en œuvre de façon indirecte. Par exemple, certains arômes étant utilisés sur des bases de blé, de lait ou d'arachide, il faudra donc préciser dans la liste d'ingrédients : « Arôme (blé) ».

MEMO

Les ingrédients sont inscrits par ordre d'importance dans la liste des ingrédients.

Le pourcentage des ingrédients mis en avant dans la dénomination de vente ou en *facing* doit apparaître dans la liste des ingrédients.

D'autre part, l'industriel pourra informer le consommateur de la présence fortuite d'allergènes dans son produit, pour se prévaloir de tout risque de contamination croisée. Par exemple : « Élaboré dans une biscuiterie utilisant des fruits à coque, graines de sésame, œuf et soja ».

5. Les pièges de la liste des ingrédients

Alors que je vous bassine en ressassant l'importance de la liste d'ingrédients dans vos choix alimentaires, je ne peux pas vous laisser dans les rayons sans vous avertir de quelques habituels pièges à cons...sommateurs

Le sucre divisé pour mieux tromper

Comme vous le savez, les ingrédients doivent être indiqués dans la liste par ordre décroissant de poids dans la recette. Ainsi, la liste de composition pour une meringue sera : sucre, blanc d'œuf, arôme vanille.

Mais si je veux que ma meringue paraisse moins sucrée, je peux employer pour moitié du sucre et pour moitié du sirop de glucose. Alors, j'affirmerai aux consommateurs que ma meringue est « riche en blanc d'œuf » et la preuve se lira sur l'étiquette : blanc d'œuf, sucre, sirop de glucose, arôme vanille.

Le consommateur pourra croire, en comparant avec la meringue classique ci-dessus, que sa meringue « riche en blanc d'œuf » est bien moins riche en sucre.

Il n'en est rien ! Cette stratégie est utilisée par la plupart des industriels qui veulent vendre des allégés ! Alors méfiance.

Comme petit truc, amusez-vous à additionner tous les sucres listés : sucre, sirop de glucose, maltodextrine, miel, sucres de..., lactose, fructose, etc. Vous constaterez vite que, souvent, le(s) sucre(s) devrai(en)t se trouver en tête dans la recette !

Trouvez les fruits dans les tartelettes

Les gens du marketing savent que certains ingrédients font vendre plus que d'autres, dont les fruits par exemple ! Dans un biscuit pour enfant, la teneur en fruits doit être importante car elle donne le blanc-seing à l'acheteur (en général, la maman). Ainsi, lorsque vous faites une barquette à la confiture, le fruit n'intervient qu'en dernier après le sucre, les matières grasses et la farine… Pour que le fruit arrive en tête, on va l'agglomérer de sa « préparation de fruits » !

Voici un exemple concret.

Ingrédients des gâteaux moelleux fourrés à la framboise : Sirop de glucose-fructose, farine de blé 23,9 %, œufs, sucre, matière grasse végétale (colza), stabilisant : glycérol, purée de framboise 4,9 %, lait écrémé (1,2 %) et entier (0,9 %) en poudre (équivalent lait 20,3 %), purée de pomme, poudre à lever : diphosphate disodique, carbonate acide de sodium, jus de framboise concentré 0,5 % (équivalent jus de framboise 4,3 %), émulsifiant : E472b, E475, correcteur d'acidité : acide citrique, acide malique, citrate trisodique, sel, cacao maigre en poudre, gélifiant : pectines épaississant : farine de graines de caroube – arôme.

Dans ces biscuits tendres, en général appréciés des tout-petits (moins de 3 ans), on lit avec stupéfaction que l'ingrédient principal est… non pas le fruit ni la farine, mais bien le sirop de glucose !

À la lecture de cette liste, on peut estimer la teneur totale de sucres à 40 % au moins.

La bonne question est : « Pourquoi ce fabricant hait-il tant les tout-petits ? »

Voici un autre exemple.

Ingrédients des tartelettes à la framboise : Biscuit 50 % : farine de froment, œufs pasteurisés 39,7 %, sucre, stabilisant : sorbitol de blé, huile de colza, dextrose de blé, sel, arôme naturel vanille.

Nappage à la framboise 50 % : sirop de glucose de blé, pulpes de fruits 38 % (framboise 28 % - pomme 10 %), sucre, gélifiant : pectines, correcteur d'acidité : acide citrique, arôme naturel de framboise, colorant : anthocyanes.

Dans les tartelettes au fourrage fruits (que vous ne devriez pas nommer « tartelettes aux fruits » !), on va habilement différencier le contenant du contenu, afin d'afficher un « nappage à la framboise 50 % » ! Lequel de nous ne comprend pas : Framboises = 50 % ?

Si le distinguo entre le fond de tarte et le fourrage n'avait pas été fait, on aurait dû inscrire (ce qui est la loi !) dans cet ordre : sirop de glucose de blé, farine de froment, œufs pasteurisés, sucre, pulpe d'abricots (23 %), amidon de blé..., enfin tous les additifs.

Huile végétale

Tout ce qui est végétal est bénéfique, tout ce qui est animal est maléfique ! Erreur docteur !

L'huile végétale n'est pas forcément bonne pour la santé, surtout si elle reste anonyme (quand on ne donne pas sa provenance). La plupart du temps, il s'agira d'huile de palme dont la teneur en graisses saturées est importante. Rien ne sert d'être végétal si l'on reste anonyme !

Les fruits se cachent derrière la pomme

Les fruits font toujours plaisir et envie aux consommateurs. Non les pommes ou les poires, mais plutôt les fraises, les mangues ou l'ananas !

Petit problème : vous savez tous que la plupart des fruits sont très chers..., sauf la pomme et parfois la poire !

Pourtant, les emballages vous annoncent « 90 % de fruits », se parent de photos de fruits – framboises ou fraises –, alors que le premier ingrédient est réellement la pomme !

En lisant bien la liste des ingrédients, vous constatez que vous avez fait erreur en croyant que le « 90 % de fruits » concernait la framboise, d'autant plus leurré par l'emballage de votre produit qui ne présente que des framboises et aucune pomme ! Vous continuez votre lecture et constatez avec effroi qu'il y a même des colorants rouges (rouge framboise), des émulsifiants, des arômes framboise...

Alors, attention aux rares fruits que cache la pomme !

Cherchez le lait

En achetant des crèmes dessert, vous croyez acheter un laitage pour vos enfants qui ont besoin de grandir. Avez-vous remarqué que le rayon des laitages pour enfants est immense ? Approchons et lisons.

Sur l'emballage de ce petit-suisse aux fruits, on voit des fraises, des bananes, une pêche... photo de fruits qui occupe un bon tiers de la face principale. En décortiquant la liste des ingrédients, on s'aperçoit qu'il y a 80 % de lait, plus de 11 % de sucres (sucre, sirop de glucose) et seulement 2,4 % de fruits...

80 g de lait par petit-suisse, c'est à peine la moitié de ce dont a besoin un préadolescent à chacun de ses repas : il faudrait donc qu'il mange au moins 2 petits-suisses, soit 22 g de sucre... et très peu de fruits. Et s'il mange 2, 3 ou 4 petits-suisses, il multiplie d'autant sa consommation de sucre et de gras. En choisissant des produits avec si peu d'intérêt nutritionnel, vous le condamnez à manger des fromages denses aux autres repas. Sans doute y en aura-t-il à la cantine ?

De même, attention aux appellations fantaisistes du style « Délices de lait » ou « Mousse de... » ou « Fraîcheur de... », qui cachent une utilisation quasi homéopathique de lait. Bilan : vous croyez manger du calcium quand on ne vous sert que de l'eau « collée » de divers gélifiants permettant de prendre allure de laitage. Le produit n'est peut-être pas cher à l'achat, mais il vous coûtera cher ensuite !

Cherchez le bœuf

J'adore faire cette blague : envoyer un ami m'acheter des steaks hachés au supermarché en lui précisant « pas trop chers » ! À tous les coups, la personne me rapporte des « hamburgers » ou autres « délices du chef » : en réalité, un mélange de soja, de graisses et, parfois, de viande. Bilan, vous croyez manger de la viande riche en fer et on vous sert un hamburger gras et sans atout nutritionnel !

NB : Vous remarquerez comme il faut vraiment se méfier dès que l'on lit la dénomination « Délices » apposée sur un produit alimentaire !

Quelques milligrammes qui font la différence

Les ingrédients nobles – foie gras, truffe, champagne, saumon fumé... – font vendre... et vendre cher... C'est un peu comme le liquide vaisselle : quelques gouttes suffisent et hop ! le prix étincelle !

Comme exemple, la soupe gourmande aux figues et au foie gras... avec 1 % de foie gras qui vaut 4,50 € le litre.

Différence entre « chocolat » et « goût chocolat »

Le biscuit qui « n'est que pour les enfants » contient 48 % de (vrai) chocolat quand le goûter fourré « parfum chocolat », lui, est à base de poudre de cacao maigre pour 6 %. Cherchez la différence !

Sachez que cela marche aussi avec « fraise » et « goût fraise », ainsi que de nombreux autres ingrédients coûteux !

La crème glacée, c'est que du vent ?

Amusez-vous à comparer le poids en grammes et en millilitres d'une crème glacée... Sur l'emballage de votre crème glacée, vous ne trouvez que les millilitres ? C'est normal car, de cette façon, vous ne pouvez rien comparer... Main-

MEMO

Petit bilan sous forme de conseil

Vous faites vos courses suffisamment fréquemment pour savoir ce qui coûte cher dans un caddie, et ce qui ne coûte pas cher.

La viande, le fromage, le beurre, les fruits..., coûtent très cher. Les pommes de terre, la farine, les pommes et les navets..., eux, ne coûtent pas cher.

Il n'y a pas de secret : ce qui est cher pour vous l'est aussi pour l'industriel. Les framboises n'ont pas le même prix que les pommes, le soja pas le même prix que le bœuf.

Le prix peut donc, lui aussi, être un bon indicateur d'alerte !

tenant, mettez votre crème glacée sur une balance. Vous vous apercevez alors qu'1 l ne fait pas 1 kg ! Et oui, parce qu'une crème glacée est foisonnée ! Ne cherchez pas la signification de ce mot barbare dans le dictionnaire ! Foisonner veut dire ici qu'on injecte de l'air dans la préparation de votre crème pour la rendre plus... aérienne ! En clair, le tiers du volume de la crème glacée de base, c'est de l'air... à plus de 3 € le litre quand même !

6. Le tableau nutritionnel

Autre élément important de l'étiquetage, le tableau nutritionnel est, lui aussi, une source précieuse de renseignements pour le consommateur averti que vous ne manquerez pas d'être à la fin de cet ouvrage.

Pour bien comprendre l'intérêt de ce tableau, je vais devoir en passer par certains aspects réglementaires un peu rébarbatifs, mais pour autant très instructifs. Je vous demande donc une attention soutenue !

Le tableau nutritionnel est, pour l'instant, facultatif (je précise pour l'instant, car la réglementation européenne devrait le rendre obligatoire dans un avenir proche), sauf pour les produits qui font une allégation nutritionnelle. Dans ce cas, le fabricant est obligé d'indiquer pour 100 g (100 ml pour les liquides) ou par portion les valeurs nutritionnelles du produit.

Ce tableau peut être de deux types :

- Groupe 1 : indication de la valeur énergétique (en kilojoules et en kilocalories)
  Protéines
  Glucides (les sucres simples et complexes)
  Lipides (les matières grasses)

- Groupe 2 : indication de la valeur énergétique (en kilojoules et en kilocalories)
  Protéines
  Glucides
  Dont sucres
  Lipides (les matières grasses)
  Dont saturées
  Fibres
  Sodium

Le groupe 2 est obligatoire si le produit fait des allégations sur les fibres (« riche en fibres »...) ou sur la réduction des sucres ou des matières grasses (« allégé en... »).

En outre, si l'allégation porte sur des vitamines et/ou des minéraux, ceux-ci doivent obligatoirement figurer dans le tableau nutritionnel avec leur contribution aux AJR (apports journaliers recommandés)[1].

Ainsi, le tableau nutritionnel est censé nous apprendre la teneur calorique du produit, mais aussi s'il est (trop) gras, sucré ou salé, s'il apporte des nutriments intéressants...

Je dis censé parce que, si l'on exclut les quelque 7000 nutritionnistes, diététiciens et autres nutritionautes, il reste une majorité de consommateurs pour qui la teneur en lipides saturés de la tablette de chocolat qu'ils s'apprêtent à déguster ne constitue pas une information exploitable.

C'est pourquoi les instances réglementaires de France et d'Europe sont en pleine réflexion sur la mise au point et l'adoption d'un système d'étiquetage nutritionnel plus compréhensibles par tous.

---

1. AJR = doses journalières d'un nutriment recommandées pour la moyenne de la population.

Plusieurs systèmes d'information du consommateur sont à l'étude. Le plus répandu est celui dit des « cartouches », qui a déjà été adopté par un certain nombre d'industriels (Danone, Nestlé, Kellogg's, Pepsi, Auchan, Monoprix, Carrefour...).

Il consiste à positionner en *facing* des cartouches indiquant les calories, les lipides, les acides gras saturés, les sucres et le sodium, en précisant le pourcentage que représente une portion du produit dans vos RNJ (repères nutritionnels journaliers).

Les limites du système résident, d'une part, dans le fait qu'il n'y a pas pour l'instant de consensus sur les valeurs des RNJ.

Ainsi, les Smacks de Kellogg's se basent sur des RNJ d'un adulte (c'est déjà curieux pour un produit pour enfant) avec un apport moyen de 2 000 Kcal.

De son côté, Carrefour se base, pour ses produits, sur des RNJ de 2 400 Kcal pour un homme et 1 900 pour une femme... Difficile de s'y retrouver !

D'autre part, le fait de savoir qu'une portion de 30 g de Smacks (sans lait) apporte 6 % des calories de la journée fait-il avancer le débat ? Alors que les nutritionnistes prônent un retour au bon sens et au plaisir, comment envisager de manger avec une calculatrice pour compter les calories ingérées ?

Autre système à l'étude, celui des sémaphores tels que le nutri-pass d'Intermarché, qui se rapproche du système du curseur nutritionnel adopté par Findus.

Pour le nutri-pass, le système met en exergue les nutriments à surveiller : sucres, matières grasses et sel. Pour chaque nutriment, une couleur est attribuée pour signifier si le produit en contient modérément (vert), normalement (jaune) ou exagérément (orange).

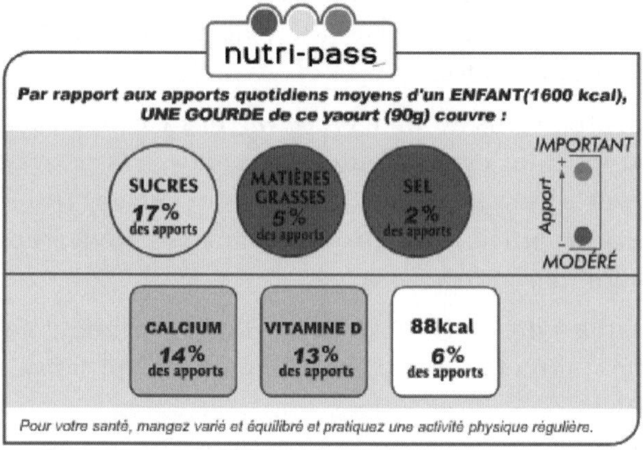

Source : www.nutripass.selectionmousquetaires.com, développé en collaboration avec des marques de la sélection Mousquetaires

Comme on le voit, cette boisson contient peu de matières grasses (on s'en serait douté pour un jus de légumes), un peu de sucres et trop de sel (ce qui est une information intéressante).

Le curseur nutritionnel classe les aliments (et non les nutriments) en trois catégories, selon que leur consommation peut être privilégiée, normale ou limitée.

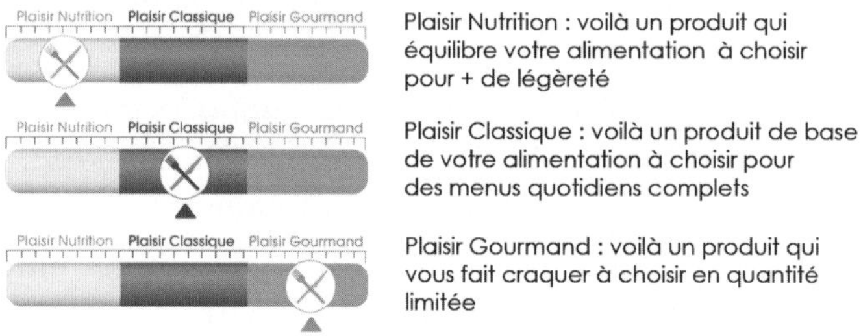

Source : www.curseurnutritionnel.com

Là encore le système présente de nombreuses limites, car il diabolise certains produits et en encense d'autres. Or, aucun produit n'est parfait ni mauvais. Tout est question de quantité et d'équilibre… Retrouvez votre bon sens, on vous dit !

Mais revenons à notre bon vieux tableau nutritionnel… Comme nous l'avons vu, il indique, le cas échéant, la contribution du produit dans nos apports quotidiens en vitamines et minéraux.

Par exemple, avec 120 mg de calcium, ce yaourt vous apporte 15 % de vos AJR en calcium.

Si, comme moi, vous vous demandez avec angoisse où vous allez trouver les 85 % restants, je vous rassure, la population française n'a pas de carences majeures. Ce qui signifie que, d'une manière ou d'une autre, nous trouvons les nutriments dont nous avons besoin dans notre alimentation quotidienne si elle est variée.

7. Les allégations

La loi encadre un certain nombre d'allégations, mais là encore les industriels vont plus vite que la législation, profitant de flous, voire même de vides juridiques pour parer leur produit de vertus parfois factices ou illusoires.

La loi définit l'allégation comme « tout message ou toute représentation, non obligatoire… y compris une représentation sous forme d'images, d'éléments graphiques ou de symboles, qu'elle qu'en soit la forme, qui affirme, suggère ou implique qu'une denrée alimentaire possède des caractéristiques particulières ». En clair, tout ce qui vante le produit.

Les allégations peuvent être de plusieurs ordres :

- Allégations nutritionnelles : toute allégation qui affirme, suggère ou implique que le produit possède des propriétés nutritionnelles bénéfiques particulières.
  Exemple : « Hero, spécialité de pommes-mangues sans sucres ajoutés à teneur garantie en vitamine C ».
- Allégations de santé : toute allégation qui affirme, suggère ou implique l'existence d'une relation entre une catégorie de produits ou un produit ou l'un de ses composants et la santé.
  Exemple : « Primevère riche en oméga 3 qui participent au bon fonctionnement du système cardio-vasculaire ».
- Allégations relatives à la réduction d'un risque : toute allégation qui affirme, suggère ou implique que la consommation d'une catégorie de produits ou un produit ou l'un de ses composants réduit sensiblement un facteur de risque de développer une maladie humaine.
  Exemple : « Danacol enrichi en stérols végétaux réduit significativement le cholestérol ».
- Toutes les autres allégations d'ordre qualitatif : ce sont toutes celles qui ne rentrent pas dans les cas précédents.
  Exemple : « Fraîchement pressé », « À l'ancienne »...

Les allégations nutritionnelles

Les allégations nutritionnelles ne sont autorisées que si le nutriment mis en avant est présent ou absent dans le produit en quantité significative ou en quantité permettant de produire l'effet nutritionnel ou physiologique affirmé. Ainsi, au risque de faire tomber une idée reçue, le lait de traite ne contient pas suffisamment de calcium pour permettre une allégation comme « source de calcium ». Il faut qu'il soit écrémé, puis standardisé pour atteindre tout juste les 120 mg fatidiques.

Par ailleurs, ce n'est pas parce que l'aliment contient un élément nutritionnel que celui-ci est forcément utilisable par l'organisme ! Ainsi, le fer contenu dans les épinards (3,4 mg/100 g, soit 24 % des AJR) n'est que très peu utilisable par le corps (environ 1 %)... donc le fer des épinards n'est pas intéressant... malgré son allégation !

POPEYE NOUS A MENTI !

En effet, le nutriment mis en avant a encore l'important devoir d'être sous forme utilisable par l'organisme. Eh oui, ce n'est pas le tout de manger des vitamines, encore faut-il qu'elles servent à quelque chose ! Elles ont beau être dans le produit, si elles ne passent pas la barrière stomacale... elles ne servent à rien.

Je vous vois d'ici blêmir à l'idée que votre jus d'orange matinal ne produirait pas le bienfait escompté sur votre organisme, alors je vous rassure. La nature est bien faite, l'organisme aussi. Il saura puiser dans la nourriture ingérée les nutriments dont il a besoin, dans les quantités nécessaires.

Revenons aux allégations en général. Nous pouvons classer les allégations en différentes catégories :

– les allégations comparatives ;

– les allégations nutritionnelles relatives ;

– les allégations plus générales.

Les allégations comparatives

Il s'agit des allégations de type « allégés/enrichis en... » ou « – X % de... ». On les appelle comparatives car elles comparent la composition du produit à celle d'un éventail de produits de la même catégorie.

En effet, la loi oblige le fabricant à comparer son produit à un éventail de produits de la même famille et par rapport à un ou des référents, et surtout à l'indiquer sur le packaging (là encore, regardez bien les petites lignes et les astérisques).

Par exemple : « 30 % de sucre en moins que la moyenne des biscuits de même type ».

La réglementation prévoit quatre types d'allégations comparatives :

1. « Valeur énergétique réduite » : pour cela, il faut que la valeur énergétique (les calories) du produit soit réduite d'au moins 30 % par rapport aux référents.
2. « Enrichi en » : pour cela, il faut que la teneur du produit en nutriment soit augmentée d'au moins 30 % par rapport aux référents.
3. « Réduit en » : la teneur du produit en nutriment doit être réduite d'au moins 30 % par rapport aux référents, sauf pour le sodium ou le sel où la limite est fixée à 25 % minimum.
4. « Allégé » (ou « *light* ») : considéré comme une allégation nutritionnelle relative à la réduction d'un nutriment. Donc la règle s'applique de la même façon que pour les produits « réduit en ».

Les allégations nutritionnelles relatives

Ce sont les allégations qui renseignent sur la teneur en macro (protéines, lipides, glucides, fibres) ou micronutriments (vitamines et minéraux).

Ces allégations seront principalement de deux types :

- faible teneur en/pauvre en/sans ;
- riche en/source de/contient.

Nous souhaitons attirer l'attention du lecteur sur des conclusions hâtives qu'il serait bon de ne pas tirer !

« Sans sucres ajoutés »
ne veut pas dire sans sucres du tout.

« Sans sucre » ne veut pas dire sans calories.

Prenons un exemple : un jus de fruits sans sucres ajoutés contient néanmoins le sucre naturellement présent dans le fruit, soit en moyenne pour un pur jus d'orange : 8 à 9 g (pour mémoire, un soda au cola contient 10 g de sucre !).

Autre exemple : les chewing-gums sans sucres apportent 170 Kcal pour 100 g soit 4 Kcal par chewing-gum (dragée de 2,2 g).

Les allégations de type « riche en » ou « source de » sont très encadrées en ce qui concerne les protéines, les fibres, les vitamines et minéraux, mais des dérives existent pour tous les autres ingrédients.

Les vitamines et minéraux sont nécessaires à notre organisme. Les scientifiques ont évalué des apports journaliers recommandés (les fameux AJR) qui représentent les doses moyennes recommandées pour la population en général et surtout en bonne santé. Il y a, en effet, des populations ou des individus qui peuvent avoir des besoins plus spécifiques à certaines périodes de leur vie.

Exemple : les AJR en calcium pour la population générale sont de 800 mg. En revanche, les ados en pleine croissance, les seniors (et surtout les femmes) en mal d'assimilation en ont plutôt besoin de 1 200 mg.

La réglementation impose les pourcentages suivants :

- Pour pouvoir être « riche en », le produit devra contenir 30 % des AJR du nutriment visé pour 100 g de produit.

- Pour pouvoir être « source de », le produit devra contenir 15 % des AJR du nutriment visé pour 100 g de produit.

Ainsi, un produit riche en vitamine C vous apportera au moins 30 % de vos besoins journaliers.

Remarque : certains industriels qui n'atteignaient pas forcément le seuil des 15 %, contournaient l'obstacle en arborant fièrement un « contient de la vitamine... ». Depuis janvier 2008, la réglementation a mis un terme à ces pratiques peu éthiques en imposant les mêmes règles pour « contient des vitamines » que pour « source de vitamines » soit 15 % des AJR. En ce qui concerne les nutriments et autres substances qui n'ont pas d'AJR (antioxydant, lait, fruits, céréales...), ils doivent se trouver en quantité suffisante pour permettre de produire l'effet nutritionnel ou physiologique escompté.

Espérons que cette nouvelle réglementation nous épargnera de voir des « riches en légumes » sur des pizzas (Légumania de Mc Cain), ou des « riches en fruits » sur une tarte à la cerise (Grillée à la cerise, Pasquier).

Les allégations de santé

Depuis Hippocrate et son fameux : « *Que ton alimentation soit ta seule médecine* », les scientifiques n'ont cessé de nous expliquer le lien positif entre ce que l'on ingère et notre état de santé.

2 500 années plus tard, ça a fini par atteindre le cervelet gauche, et nous voilà majoritairement persuadés (89 % selon la dernière étude du CREDOC sur nos comportements alimentaires[1]) que la manière dont on mange influence notre état de santé.

1. Source : CREDOC, CCAF, 2007.

Les allégations qui décrivent le rôle d'un nutriment ou d'une substance sur la croissance, le développement ou une fonction de l'organisme étaient jusqu'alors limitées à une liste positive très restreinte liant en général une vitamine ou un minéral à son rôle sur l'organisme.

Par exemple, l'iode est un élément indispensable à la synthèse des hormones thyroïdiennes. L'acide folique (vitamine B9) est, quant à lui, nécessaire à la synthèse des acides nucléiques.

Pas très sexy tout ça, vous l'avouerez !

Compte tenu de l'attente des consommateurs (nous), et des avancées de la recherche scientifique sur le rôle des nutriments, une mise à jour réglementaire s'imposait.

Focus

Allégations de santé relative à la réduction d'un risque de maladie ou au développement et à la santé infantile

Jusqu'alors interdites à de rares exceptions près, ces allégations seront désormais envisageables par les industriels après une demande d'autorisation préalable auprès des instances européennes.

Cette obligation de demande d'autorisation a pour but de limiter les abus et de protéger les consommateurs que nous sommes de toutes allégations mensongères comme on peut en voir souvent aux États-Unis ou au Japon.

Sur les trois cents demandes déjà déposées, une bonne trentaine ont été étudiées et seulement six autorisées, dont le rôle du calcium et de la vitamine D sur la solidité des os, le rôle du xylitol sur la prévention des caries ou celui des stérols végétaux sur la prévention du risque cardio-vasculaire.

Nous sommes donc en attente de la nouvelle liste d'allégations et des conditions sous lesquelles elles seront autorisées.

Par exemple, avec tant de grammes de fibres dans un produit, il sera permis d'évoquer le côté modérateur d'appétit des fibres.

Les autres allégations

Nous rappelons ici que tout message suggérant qu'un produit possède des caractéristiques particulières représente une allégation. C'est vrai, nous l'avons vu pour les allégations nutritionnelles et de santé, mais également pour d'autres sortes d'allégations et notamment l'emploi des mots de type : frais, maison/artisan, naturel, à l'ancienne.

Focus

Thé pour la santé des femmes à base d'Açaï, petit fruit rouge de la forêt sud-américaine.

L'açaï est riche en antioxydants et reconnu pour prévenir le risque de : cancer, diabète, inflammation chronique, maladies cardio-vasculaires, Alzheimer, cholestérol, crise cardiaque, infections bactériennes, infections urinaires, dégénérescence maculaire liée à l'âge et vieillissement prématuré.

Non, vous ne rêvez pas, ce produit est en vente libre aux États-Unis !

Il n'est pas frais mon poisson ?

Prenons le cas du mot frais. Il faut distinguer le cas ou l'adjectif est lié à l'utilisation (« Boire très frais ») et, dans ce cas, il n'est pas soumis à la réglementation. Si, en revanche, l'adjectif est lié au produit, alors ce dernier doit satisfaire à une triple condition :

1. Posséder au moment de la vente les caractéristiques (notamment organoleptiques) qu'il présentait lors de la fabrication. Par exemple, du jus d'orange frais.
2. Ne pas avoir été conservé grâce à l'emploi de tout traitement ou à l'addition de conservateurs (sauf pasteurisation pour les produits laitiers et réfrigération).

   Ainsi un sandwich venant d'être préparé ne peut être considéré comme frais, si l'un de ses composants contient des conservateurs (le jambon, par exemple).
3. Avoir été produit ou fabriqué depuis moins de 30 jours.

Bien évidemment, les industriels trouvent des astuces pour contourner la réglementation à l'image de ce fabricant de pain de mie qui proposait l'indication « frais et moelleux jusqu'au... ».

L'astuce, ici, consiste à utiliser l'expression « fraîchement cuit » pour laisser flotter le fait que le produit puisse être du « pain frais » !

Regardez les œufs ! Ils sont frais ? Ils sont frais de trois semaines parfois... Pourtant, conservés à température ambiante dans les magasins, pourquoi nous empressons-nous de les mettre au réfrigérateur une fois rentrés à la maison ? Pour qu'ils soient « rafraîchis » sans besoin qu'ils ne soient frais ?

Concernant les fruits et légumes, ne confondons pas frais et cru.

Pomme, raisin, orange ou banane, carotte, pomme de terre, navet, chou... sur les étals, on dit qu'ils sont frais.

Ils semblent l'être d'ailleurs, le plus souvent : bien rebondis colorés, parfumés... Alors qu'ils sont récoltés le plus souvent depuis plusieurs mois...

Prenons l'exemple de la pomme, le fruit le plus consommé par les Français. Les pommiers ne sont pas cultivés sous serre, aussi sont-ils sujets aux saisons comme vous et moi, et ne donnent leurs fruits qu'à l'automne. Là, c'est une montagne de pommes qui nous tombe dessus. Elles sont fraîches.

Et elles seront stockées dans des celliers pour alimenter toute l'année les marchés. Peut-on considérer qu'une pomme en novembre est encore fraîche ? Et que dire des pommes qui seront sur les marchés en janvier, mars, avril, août ? Il en est de même de presque tous les légumes ou les fruits favoris des Français : carottes, pommes de terre, poires ou pommes sont la plupart du temps crues certes, mais pas fraîches.

Vous prendrez bien un petit apéritif maison ?

Pour les qualificatifs « artisan » et « maison », les choses sont plus cadrées :

- Un produit ne peut être qualifié d'artisanal que s'il est élaboré par un artisan ou un maître comme le définit le registre des métiers.
- Un produit ne peut être présenté en évoquant une origine « maison » que s'il est fabriqué sur les lieux de commercialisation, à partir des ingrédients de base composant traditionnellement sa recette.

En grandes surfaces, il sera possible de trouver des produits maison au rayon traiteur ou boulangerie, s'ils ont été élaborés sur place.

100 % naturel

L'emploi du terme « naturel » n'est possible que pour des produits que l'on trouve dans la nature et aussi proches que possible de leur milieu d'origine, non traité, sans additif, ni résidus ou corps étrangers.

Par exemple, je peux avoir des œufs naturels de poule... Mais pourrais-je avoir du blé naturel ? Même s'il est recouvert de traitements pesticides ? Non, dit la réglementation.

En revanche, le qualificatif « au naturel » est possible sur un produit préparé « nature », même s'il n'est pas forcément naturel.

Exemple : thon au naturel.

Saveur d'antan

Enfin, les termes de type « à l'ancienne » ou « autrefois » s'appliquent lorsque le processus de fabrication correspond aux usages traditionnels répertoriés et qu'il fait appel à des techniques de fabrication ou à des recettes artisanales d'autrefois. Le produit doit être exempt d'additif.

Comment ne pas évoquer, cette magnifique allégation trouvée sur un emballage de baguette chez mon artisan boulanger : « *Made in* comme autrefois ».

D. R.

8. Autres éléments de l'étiquetage

La date de durabilité

Elle figure en clair sur les denrées préemballées, sous deux formes :

- « À consommer de préférence avant (suivi d'une date) ». C'est une date limite d'utilisation optimale…
- « À consommer jusqu'au (suivi d'une date) ». C'est une date limite de consommation pour les produits très rapidement périssables (viande hachée, certains produits de charcuterie, salade IVe gamme…). Après cette date, la vente en est interdite. Il ne faut pas confondre cette date de durabilité avec la date de fabrication (ou de conditionnement). La mention de celle-ci n'est généralement pas obligatoire, mais elle peut vous aider à exercer votre choix. Lorsque les produits doivent être conservés au froid, la date de durabilité doit être accompagnée d'une température de stockage.

La quantité nette (poids ou volume)

Elle doit être exprimée en unités de mesures légales ; par exemple : litre (l), centilitre (cl), kilogramme (kg). La lettre « e » qui suit indique que l'emballage est soumis à des contrôles de la quantité qui répondent à des règles précises, prévues par des textes européens.

Le nom et l'adresse d'un responsable

Il peut s'agir du fabricant, du conditionneur ou du vendeur, mais toujours est-il qu'il est obligatoire de faire figurer une adresse où les consommateurs pourront envoyer leurs réclamations, mais aussi congratuler le fabricant (bien plus rare, si l'on en croit les services consommateurs !) ou demander des échantillons.

Ainsi, le service consommateur des confitures Bonne Maman est régulièrement sollicité par les futurs jeunes mariés qui réclament des minipots de confitures vides pour offrir des dragées à leurs convives !

En conclusion : attention un produit peut en cacher un autre !

Prenez le temps de regarder ce que vous achetez, comparez les produits et pas seulement leur prix au kilo.

Regardez les dénominations de vente pour savoir précisément ce qui vous attend dans le paquet.

Ne vous laissez pas berner par des packagings et des allégations, lisez la liste des ingrédients.

Maintenant que toutes ces indications n'ont plus de secret pour vous, reprenez votre caddie en main !

9. Et si le salut était caché dans les portions ?

Quand j'étais petite, on donnait comme référence en besoins alimentaires pour les sujets peu actifs 2 300 calories journalières pour les femmes et 2 800 pour les hommes.

Aujourd'hui, la moyenne tourne autour de 1 800 à 2 000 calories pour les filles et 2 200 à 2 400 pour les garçons, soit 17 à 20 % de moins que 30 ans auparavant. Notre vie serait-elle moins agitée aujourd'hui, moins consommatrice de calories ?

Oui ! Et si vous mangez les mêmes recettes et les mêmes quantités que vos parents, ne vous étonnez pas d'être en surpoids ou obèse, à tout le moins décalé par rapport à une mode qui vise la maigreur, voire qui flirte avec l'anorexie.

Tandis que l'on se préoccupe d'obésité partout dans le monde, une étude[1] a montré qu'aux États-Unis, toutes

1. *Journal of the American Medical Association*, janvier 2003.

les portions avaient augmenté ces dix dernières d'années. Et quand je dis toutes, c'est toutes : dans les restaurants, dans les recettes des livres de cuisine, dans les supermarchés, à la maison… La portion moyenne pour une boisson gazeuse est passée de 13 onces à 20 onces[1], tandis que les calories correspondantes n'augmentaient **que de** 33 % environ. La taille du hamburger a enflé de la même manière, passant de 5,7 onces en 1977 à 8,4 onces en 1996.

Pas étonnant que les Américains soient obèses ! D'ailleurs, la taille des portions est l'une des deux raisons pour lesquelles tout Français séjournant aux États-Unis quelques jours en revient épaissi[2].

Toutefois, les Américains ne sont pas les seuls concernés : partout dans le monde, les consommateurs sont confrontés au même problème et doivent répondre à cette question cruciale : « Que dois-je mettre raisonnablement dans mon assiette ? »

Rapporté à la vraie vie, cela donne quoi ?

15 % de plus ou de moins, on pourrait penser que ce n'est pas grand-chose au final. Cela représente quand même 9 kg pour une personne pesant 60 kg, soit une taille et demi. Largement de quoi rendre triste en réalité !

Rapportés aux biscuits ou aux fraises, ces 15 % ne représentent évidemment que quelques grammes mais qui, mis bout à bout, vont se transformer en **surpoids**, voire en **obésité** !

---

1. 1 once = 28,24 g.

2. La 2e raison – je vous vois venir – est que le taux de matières grasses des produits est toujours plus élevé aux États-Unis : 20 à 30% de lipides en plus.

En outre, l'industrie alimentaire ne nous aide malheureusement pas non plus à combattre ce fléau, car ses intérêts et les nôtres sont contradictoires : elle a besoin de vendre beaucoup et, nous, nous avons besoin de ne pas manger trop…

Aussi, le moyen le plus naturel que l'industrie alimentaire utilise pour squatter les rayons est de présenter un même produit sous différentes formes. Dans l'ultra-frais, on trouvera des formats individuels variant de 90 à 150 g la portion, pour les compotes de fruits de 90 à 110 g. Idem côté boucherie, le poids des steaks hachés variera de 90 g à 140 g la portion, les plats cuisinés individuels de 250 g à 400 g… L'écart n'est plus de 15 %, mais peut aussi atteindre plus de 60 % !

Alors que faire ? Et surtout, comment s'y retrouver quand on n'y connaît rien, que l'on est un peu (ou très) naïf et que l'on a tendance à faire confiance : « L'industriel fait la cuisine mieux que moi, donc il connaît les proportions adéquates… ».

Vous aurez sans doute constaté que, dans votre propre entourage, certains prennent deux desserts au lieu de n'en consommer qu'un seul. Il est vrai qu'un dessert de 90 g laisse un goût de trop peu… Cependant, si l'on mange deux desserts, le surplus est de 44 % comparé à la consommation moyenne des desserts… Pareil pour les calories qui, finalement, vont se transformer en autant de kilos de trop !

Pourtant à la base, cela ne représente que 35 g de produits ultra-frais ! Ces quelques grammes additionnés à tous les grammes en surplus de tous les repas de toutes les années finissent toujours par faire trop.

En 2007, la FSA (Agence britannique de sécurité alimentaire) a demandé aux entreprises de l'agroalimentaire de réduire la taille des portions individuelles dans le secteur des snacks, des friandises et de la biscuiterie pour tenter d'enrayer l'épidémie d'obésité. En effet, jamais à court d'idées, certains industriels avaient eu tendance à promouvoir, embellir, et par là même grossir au-delà du nécessaire, leurs produits dans des catégories certes alléchantes mais somme toute peu recommandables : les bonbons, les biscuits et les snacks.

Focus

La satiété, ennemi des industriels

La faim est très mauvaise conseillère ! C'est aussi pourquoi nous ne vous répéterons jamais assez de faire vos courses alimentaires après le repas, jamais avant !

Pour contrer vos belles résolutions, les fabricants alimentaires ont imaginé une nouvelle astuce, les mini-portions : mini-Mars, mini-Bounty, mini-cakes... Personne n'y résiste, et même les plus motivés pensent qu'il n'y a pas de danger.

Malheur, un paquet entamé est un paquet fini ! Les alcooliques savent bien que c'est le premier verre qui entraîne l'ivresse.

L'objectif d'une autre étude[1] publiée en 2006 était de déterminer la taille des portions que les adultes se servaient, pour ensuite les comparer aux portions de référence et, pour finir, d'analyser l'évolution de la portion type dans le temps.

1. *Journal of The American Dietetic Association.*

Les résultats furent édifiants : 33 % des portions consommées au petit-déjeuner et 24 % de celles du dîner/souper dépassaient la référence type de plus de 26 %. Les distorsions les plus importantes furent relevées pour les céréales consommées au petit-déjeuner (+ 62 %), les rôties (tartines grillées, 35 %), les confitures (+ 35 %) et les salades de fruits (+ 44 %).

La banalisation des portions (trop importantes) que l'on ingurgite au restaurant ou au travers des produits industriels, nous fait croire qu'il s'agit de portions de référence. Or, il n'en est rien ! Pour s'en convaincre, faites les tests sur la distorsion des portions proposés sur le site[1] conçu par le *National Heart Lung and Blood Institute.* Les résultats de ces tests, simples et rapides, risquent de vous mettre en transe !

Il faut donc garder un esprit critique en toutes circonstances, même si ce n'est pas facile. Au-delà du rêve, il existe des notions simples, celles de plaisir, de goût, de partage mais aussi de plénitude, qui sont assouvies par l'alimentation. Briser ce lien nous éloigne irrémédiablement de notre corps, c'est-à-dire de notre aspect physique. Pourtant, cet aspect n'est pas négligeable au XXIe siècle. Bien au contraire, il marque l'appartenance à un groupe social sans lequel point de vie n'est possible.

À propos de vie sociale justement, connaissez-vous ces rats humains qui mangent sur un buffet ? Que ce soit lors d'un cocktail professionnel ou du mariage de la petite, ces mangeurs sont étonnants. Faites-vous petite souris et observez bien. Vous verrez ceux qui bousculent tout le monde pour s'approcher et s'accrocher aux rebords

1. http://hp2010.nhlbihin.net/portion/portion2.cgi

du buffet. Pas de quartier. Aucune femme ni d'enfants dans cette lutte-là. On croirait assister à une guerre. Pire encore : ceux qui utilisent une assiette pour se servir reviennent avec une pyramide alimentaire dans la gamelle. À vue de nez, il y a en a pour trois. En quelques minutes tout est avalé, et nos ogres retournent se servir. On ne sait jamais de quoi sera demain !

Bref, vous m'avez comprise : la parenté de l'Homme avec le rat ne se dément pas dès qu'il s'agit d'un buffet. Et plus c'est gratuit, plus notre homme-rat est démonstratif.

Cela pour vous démontrer cela : nous avons tous besoin de « normes » pour nous alimenter correctement : normes en termes de composition et de choix d'aliments, normes de portions et normes de comportements. Que celui qui n'a jamais mangé ses raviolis, en solitaire et à même la boîte, me lance la première fourchette.

Les autres normes relèvent du cadre de nos repas : manger en commensalité permet de respecter inconsciemment des normes qui aident, tout naturellement et sans effort, à manger équilibré.

Le buffet, tel que décrit plus haut, casse les normes : on peut lire les dérives dans environ 75 % des assiettes. Amusez-vous à faire un buffet en proposant à volonté des assiettes préremplies, vous verrez que les mangeurs retrouveront vite leurs cadres habituels et leur comportement humain.

Le poète[1] disait « Écoute, écoute ton corps te dire ce qui lui plaît. » Cette recommandation n'est que trop actuelle et il faut savoir raison garder !

1. Claire Trémolière.

Alors, ne vous laissez pas abuser ni par le prix, ni par la quantité, ni par l'emballage toujours séduisant voir même sexy. Au-delà du contenant, se cachent les formes, éventuellement votre santé. L'industriel, lui, n'en a cure : il fait son métier avec application pour vendre mieux ses produits et gagner le plus d'argent possible, même s'il ne cherche pas, il va sans dire, à tuer ses consommateurs… Néanmoins, que croyez-vous qu'il reste d'une oie gavée ?

Chapitre 4

LES PIÈGES À ÉVITER

1. Introduction

Qu'elles soient électorales ou nutritionnelles : méfiez-vous des émetteurs de promesses… Dès l'enfance, pourtant, on tente de vous mettre en garde. De Blanche-Neige à Cendrillon, de Pinocchio à Dame Tartine, sans oublier la petite souris, ils ont tous tenté de nous aguerrir.

En vain apparemment, si l'on en juge le succès de certains « coups » marketing, à faire pâlir d'envie le Père Noël.

Cependant, on peut supposer que ce qui est en vente libre est non seulement autorisé, mais également comestible. Cependant, qui dit comestible ne dit pas « bon » et encore moins « bon pour la santé ». Le message se brouille quand on touche à la sensibilité du consommateur qui relie au sein – vous savez ce verre à moitié vide ou à moitié plein – cette part que l'on ingurgite, mais dont on doit évacuer les restes impropres.

Depuis des années et avec l'évolution des modes de vie, l'homme ne fait que s'éloigner de l'aliment ; il n'a plus ni le goût ni le temps, encore moins l'envie de cuisiner et laisse le soin à l'industriel d'agir à sa place. Jusqu'à quel point lui faire confiance ?

À la télévision, l'autre jour, une jeune mère de famille était étonnée d'apprendre que les fanes de carottes n'étaient pas du persil et que oui ! il s'agissait bien de deux plantes distinctes !... Cherchez l'erreur !

À la décharge de l'industriel, et pour que ce légume soit industriellement (en grande quantité) cuisiné et « gustativement » adapté à nos papilles, il faut y ajouter un nombre non négligeable d'ingrédients[1] et d'additifs qui, pour être autorisés cela ne fait pas de doute, nous éloignent furieusement du légume cuit à l'eau ou à la vapeur. Côté nutrition, il n'y a pas photo !

Et cela se répète quel que soit le produit alimentaire sucré, salé, acide, liquide ou solide.

Le sirop de glucose remplace le sucre, la graisse végétale plus ou moins hydrogénée, le beurre, certaines fibres le gras ou le sucre, les édulcorants le sucre, le concentré de fruit le fruit, et tout à l'avenant...

Aussi, vous serez sans doute ravis d'apprendre qu'un *smoothie*, dont on parle sans relâche ces derniers temps, contient 100 % de fruits, oui ! mais comme il s'agit de concentré de fruit, il devient plus sucré[2] que le Coca-Cola ! lui-même pointé du doigt dans la lutte contre l'obésité.

---

1. Ce sont les mêmes ingrédients et additifs qui sont en partie responsables des grands progrès dont on parlait précédemment.
2. Le Coca-Cola contient 10 g de sucre/100 g tandis qu'un smoothie en contient en moyenne 14 g/100g.

Certes, les sucres ne sont pas comparables entre eux. Mais il faut savoir ce que l'on veut. On ne peut pas taper sur le sucre et laisser faire ces méchants produits qui, sous couvert de naturalité, vous assomment de 80 Kcalories au lieu de 50 pour un fruit frais ou en compote, ou contre 40 pour le même volume de cola !

Cela vous surprendra d'apprendre que les margarines végétales, si souvent recommandées par le corps médical ignorant, sont riches en graisses saturées – les mauvaises ! Et certaines d'entre elles, enrichies en stérols végétaux qui visent à faire baisser le taux de cholestérol sanguin, contiennent aussi des graisses saturées qui favorisent le mauvais cholestérol… Mais personne ne vous recommandera de consommer – tout simplement – de l'huile de colza ! Qui vous aidera très sûrement à éviter l'accident vasculaire.

Il y a malheureusement pléthore d'exemples… Ne vous fiez pas aux apparences : un joli packaging plein de fruits peut emballer un produit à 0 % de fruit, ou si peu, seulement avec l'arôme du fruit, et pas toujours naturel… l'arôme ! Un grand visuel de lait peut, dans certains cas, suggérer d'accompagner le produit pour obtenir un goûter équilibré. Comme McDo qui nous propose d'ajouter au « Happy Meal », un produit laitier et une portion de fruits pour en faire un repas équilibré… Ben voyons ! Qui va au McDo avec son verre de lait et sa pomme ? (Eh oui ! Bien souvent chez eux, pas de fruits coupés ni de tomate cerise ! Mais de la glace ou des frites !)

Pour autant, faut-il renoncer à toutes ces propositions sous prétexte d'un « nutritionnellement incorrect » ? Faut-il abandonner cette liberté fraîchement acquise et rester éloigné des rayons tentants de l'agroalimentaire qui nous font baver et saliver, au prétexte que la formulation est

« impropre » ? Au fait, suis-je seulement capable d'avoir une recette convenable pour réaliser un menu nutritionnellement adapté à ma corpulence et surtout à mon espérance de vie, sans pour autant y passer tout mon temps ?

Restons sérieux, un peu de bon sens, et seulement du bon sens, doit nous permettre de choisir en toute sérénité une nourriture pour « le corps et l'esprit » qui soit nourrissante, gustative et nutritionnellement *ad hoc*. Du reste, la nutrition ne se mesure pas à l'aune d'un seul repas. L'équilibre que l'on vise se fait sur une moyenne de repas. Aussi, on ne le dira jamais assez, c'est la variété qui fait l'équilibre – du Big Mac au yaourt 0 % – avec une dose d'optimisme et de sérénité.

2. Évidences (histoire d'une sucette à 0 % MG)

« Évidence nutritionnelle » ou « comment abuser de la naïveté du quidam qui, loin de ces fourberies, ne peut imaginer que le combat se situe au niveau des pâquerettes »...

OUI ! La sucette 0 % de matière grasse a été mise sur le marché par un grand nom de l'agroalimentaire. La réglementation le lui permettant, il n'a pas cru bon prendre ses clients pour des gens sensés et a donc osé une telle allégation. La réaction n'a pas tardé. Dans un premier temps, tout le monde a pensé à un gag. Passé l'effet de surprise, les pouvoirs publics ont pris l'affaire en charge pour faire arrêter cette histoire. La concurrence s'en est mêlée et le consommateur n'a plus su à quel saint se vouer ?! Mais regardez, c'est confortable pour le consommateur que l'on rassure et que l'on déculpabilise, afin qu'il consomme sans limites une sucette qui, de toutes façons, est sans graisses. Qui dit sans gras, ne dit pas sans sucre ni sans calories. Mais cette assurance de 0 gras vous autorise à coup sûr une surconsommation qui, sans cela, vous aurait peut-être limité.

D'ailleurs, c'est ce principe même qui fourvoie nutritionnellement les Américains ! Aux États-Unis, vous trouverez à tous les coins de rue des frites sans sucre, du Coca sans cholestérol et des marshmallows sans acides gras trans ! Alors les gens pensent qu'ils peuvent consommer sans modération. Résultats ? Un taux d'obésité morbide incroyable. Plus d'un Américain sur deux est gros ou obèse…

Pour en finir avec certaines idées reçues

NON ! Les bonbons sans sucre ne sont pas sans calories. Ils sont à peu près aussi caloriques que les bonbons classiques, mais se cachent derrière le « 0 sucre » (qui signifie qu'il n'y a pas de saccharose ou sucre de table dans le produit) qui nous aveugle et nous donne bonne conscience pour consommer sans modération… DONC, si vous achetez ces produits pour ne pas manger de sucre, vous êtes gagnant. Si vous souhaitez ne pas manger de calories, vous êtes perdant. Évidemment, qu'ils soient avec sucres ou sans sucres, les bonbons sont à consommer avec modération.

C'est à en perdre son latin : en nutrition, qui a raison ? On entend tout et son contraire… Où donner de la bouche alors ?

On dit que le sucre fait grossir, que la pomme éloigne le médecin pour toujours et que le beurre donne du cholestérol. Est-ce vrai ? Comme la totalité des diktats que l'on lit à droite et à gauche ? Chacun y va de son affirmation sévère, pleine de suffisance et d'autorité… le lait donne le cancer, le fenouil rend intelligent et le kiwi est le fruit le plus riche en vitamine C...

Qui a raison ?

Tout le monde et personne, car vous n'avez là que le début de la phrase. On n'a conservé des déclarations... que ce qui était « formidable », laissant le « banal » dans le fond de la gorge de celui qui le disait...

Tout est vrai, en somme, mais juste un tout petit vrai. Le fond de la vérité est resté dans l'air.

Reprenons...

Le sucre fait grossir... quand on le mange avec des graisses (frites, crèmes glacées ou desserts, chocolat, caramel au beurre). Mais tout seul, le sucre ne peut pas faire grossir.

La pomme éloigne le médecin pour toujours... Quand on mangeait un fruit frais par jour au début du siècle dernier, on réduisait le risque de pathologie. Mais pour qu'une seule pomme puisse éloigner le médecin pour toujours, il faut impérativement savoir bien viser.

> Bilan sous forme de digestif : ne lisez pas n'importe quoi. Plus exactement, informez-vous et faites marcher vos neurones. Gardez votre esprit de jugement pour ne pas avaler n'importe quoi.

Le beurre donne du cholestérol... à condition d'en manger une sacrée dose par jour, cuit de préférence. C'est également vrai pour toutes sortes de graisses, y compris des margarines végétales.

Le lait donne le cancer... Non, le lait ne donne pas le cancer ! Mais trop de produits laitiers gras comme beurre, crème, fromages gras, associés à la consommation de graisses végétales saturées augmente votre risque de cancer.

Le kiwi n'est pas le fruit le plus riche en vitamine C, mais c'est, et de loin, celui qui a la meilleure attachée de presse. Le supplantent dans cette catégorie « vitamine C » : le cassis, la goyave, le poivron, les choux... le persil et bien d'autres encore.

3. Compléments alimentaires : utiles ou superflus ?

Le marché des compléments alimentaires en France est peu développé, comparé aux pays anglo-saxons où l'automédication est de mise et où, surtout, qui peut le plus, peut le moins. Cependant, certains ne jurent que par eux, arguant que l'alimentation moderne trop raffinée ne pourra jamais apporter tous les nutriments dont le corps a besoin... Quand les autres – en général les nutritionnistes ! – prédisent qu'une alimentation équilibrée et variée suffit ! Alors, qui croire ?

Les deux ont raison, bien sûr ! Pourquoi ?

Les nutritionnistes notamment épidémiologistes voient bien que le mode alimentaire « à la française » permet de couvrir tous les besoins essentiels des individus, à quelques rares exceptions[1] près. Donc ils ont raison de dire qu'une alimentation – si elle est variée et équilibrée – suffit !

1. Les exceptions sont : la vitamine K pour les bébés même nourris au sein, la vitamine D pour les autres. Le fer, les oméga 3 et la vitamine E pour les très jeunes enfants, jusqu'à l'adolescence au moins. Le fer et parfois le magnésium pour certaines jeunes filles et femmes ; la vitamine B9 et le fer pour les femmes en désir de conception. Le calcium et la vitamine D, l'acide gamma linoléïque pour les femmes après 40 ou 45 ans, et au-delà, etc.

Il y a donc pas mal d'exceptions. Aussi, tout le monde a ou aura besoin d'un petit coup de pouce nutritionnel à un moment ou l'autre de sa vie. Ne crachons pas dans la soupe, les compléments alimentaires sont une des solutions possibles.

Une autre solution est d'avoir une alimentation « pointue » avec des aliments précis, le tout sous la surveillance d'un vrai nutritionniste.

Enfin, on pourrait envisager également d'enrichir les aliments en fonction de la cible ; tout comme les aliments pour bébé sont enrichis en plusieurs nutriments qui leur font vraiment défaut (fer, acides gras essentiels), il pourrait y avoir des aliments formulés spécifiquement pour telle ou telle niche de consommateurs. Mais si la réglementation de l'alimentation infantile est très surveillée, il n'en est pas de même pour les autres catégories de produits dont l'enrichissement n'est pas toujours justifié ! On a déjà du sel enrichi en fluor ou en iode. Que dire d'un pain enrichi en calcium ou en vitamine E ? Certains de nos voisins européens ont décidé d'enrichir systématiquement en vitamines du groupe B les farines qui servent à faire du pain…

Alors ? Que faire ?

Nous avons mené une enquête[1] avec un réseau de médecins : plus de 2 000 sujets ont été analysés : mode de vie, alimentation de façon précise, et le tout mis en rapport avec leur bilan biologique complet. Oh ! surprise !

25 % des sujets qui consomment bien 5 fruits et légumes par jour sont quand même déficients en vitamine C. Donc, soit ils achètent des produits trop vieux pour être

---

1. *Étude du stress oxydant de patients*, Dr C. de Goursac et al., Probiox, 2007.

significativement source de vitamine C, soit leur niveau de stress oxydant est tel qu'ils auraient besoin de 10 fruits et légumes par jour et non 5 !

Entre 10 et 20 % de chaque sous-groupe (hommes de 40 ans, femmes de 40 ans...) sont en excès de certains nutriments, notamment les caroténoïdes et la vitamine E, parfois même, en oméga 3.

En conséquence, il devient évident qu'avant toute idée de supplément nutritionnelle, il convient de dresser un bilan complet tant nutritionnel que biologique avant de prescrire quoi que ce soit ! L'inconvénient est que cela coûte très cher, et que ce n'est pas remboursé.

Mais *believe me my friend*: à chacun son métier. La consultation d'un vrai professionnel a un coût, c'est vrai, mais qui n'est pas volé au regard des conseils avertis qu'il est susceptible de prodiguer. Avant de prendre n'importe quoi... « parce que c'est la mode » ou « parce que l'on m'a dit que... », écoutez les conseils d'un vrai nutritionniste !

La plupart du temps, vos « envies » de compléments alimentaires sont faussées. Celle qui se sent raplapla n'a pas forcément besoin de vitamine C, mais plutôt de fer. Celle qui est très fatiguée et irritable a peut-être besoin de magnésium, etc.

4. Opportunités et limites du marketing nutritionnel

Voici plusieurs techniques éprouvées pour tromper le consommateur tout en glissant entre les lignes des textes réglementaires. Bref: comment tromper en toute légalité... et en dix leçons.

Leçon n° 1 – Parler du symbole pour alléguer

Votre produit ne peut faire aucune allégation nutritionnelle car il n'atteint pas les 15 % des AJR pour aucun nutriment autorisé. Votre crème dessert n'a pas assez de calcium pour dire « je suis source de calcium »...

Simple : dites qu'elle est « riche en lait »... Le consommateur comprendra qu'elle est « riche en calcium ».

Ainsi, une allégation sur un ingrédient phare considéré par les consommateurs comme le symbole d'un nutriment, permet de détourner la réglementation à son profit.

Actuellement, on trouve dans les rayons des chocolats pour enfants, des biscuits pour enfants... sont loin des 15 % AJR en calcium... alors ils se disent « riches en lait ».

Leçon n° 2 – Exploiter l'ingrédient star

Fruit, lait, céréales sont des ingrédients nobles, hautement valorisés dans l'esprit du consommateur. Ainsi, leur simple évocation « fait vendre », même s'ils sont en quantité homéopathique dans le produit.

Alors on met en avant l'ingrédient noble de façon disproportionnée sur l'emballage. Comme ce yaourt au germe de blé (0,1 %), ce biscuit pour enfant, riche en fruits (7 % de fruits sur sucre[1]) ou comme cette tablette de chocolat au lait qui montre une grande cascade de lait sur la face principale de l'emballage...

Mais, c'est aussi le tristement célèbre « équivalent d'un grand verre de lait » sur une confiserie de chocolat... Et comme la noisette dans cette pâte à tartiner (seulement

1. Les « fruits sur sucre » sont des préparations de fruits industrielles, très sucrées, un peu comme des confitures. Elles sont utilisées pour faire les yaourts ou les glaces.

13 % de noisettes alors qu'elles sont omniprésentes dans la publicité). Et, plus généralement, tous les yaourts et desserts ultrafrais aux fruits qui arborent sur leurs emballages des quantités de fruits alors qu'ils ne contiennent au mieux que 12 % de « préparation de fruits », contenant elles-mêmes moins de 30 % de fruits.

D'ailleurs, un martien qui arriverait dans le rayon des yaourts pourrait croire qu'il s'agit d'un rayon de compote de fruits : il n'y a pas de trace de lait ou de yaourt sur les emballages, mais de superbes fruits couverts de perles de rosée, comme il se doit !

Leçon n° 3 – Jouer avec les chiffres, en particulier avec les %

En matière électorale comme nutritionnelle, sachez que l'on peut faire dire ce que l'on veut aux chiffres... ainsi, « 25 % de fruits en plus » pourrait vous faire penser qu'il y en a beaucoup ! Mais si l'on part d'une recette qui contient 1 % de fruits, on n'aura que 1,25 % de fruits à l'arrivée. Pas forcément un progrès, donc. Aussi, jouons avec les %, en gros, sur l'emballage : ça marche à tous les coups !

Ces tartelettes à la fraise affichent « + 25 % de fruits », mais on n'atteint que 15 % de fruits.

Ce yaourt à boire pour le petit-déjeuner vante trois ingrédients, dont deux sont peu représentés : les fraises avec 5 % et les céréales avec 3,3 %

En regardant de près ce « yaourt » pour petit-déjeuner, où l'on peut lire : « + 10 % de céréales »., on constate que l'on passe de 3 % à 3,3 % de céréales.

Cela existe aussi bien pour les légumes : voyez cette tarte aux épinards qui vante « toute la saveur des légumes »...

et qui contient 13 % d'épinards... Or, il y a plus de « crème légère » que d'épinards ! Sur la face principale, une représentation d'un panier de beaux légumes avec des grosses et belles tomates alors qu'il n'y a que des traces de tomates dans la recette.

Leçon n° 4 – Les équivalences abusives

La publicité comparative est permise si les produits sont dans la même famille, et s'il n'y a pas dénigrement... Mais faire des équivalences, en ne prenant en compte qu'un nutriment peut être largement trompeur. Voyez plutôt :

- Certains produits ont une teneur en calcium identique à celle d'un verre de lait, mais on ne parle pas des taux de sucres et graisses, souvent largement supérieurs.
- Comparer deux aliments qui n'appartiennent pas à la même catégorie est interdit par la réglementation mais existe quand même. Par exemple : 4 pépites de poulet = 3 mandarines*, où l'astérisque précise : « * équivalence en vitamine E ».

  Ou cette information : « Un pot de crème équivaut à 2 pommes » ; en termes de calories, peut-être, mais ces deux produits n'apportent pas du tout les mêmes nutriments ! La pomme apporte des vitamines, minéraux, eau, fibres, un pot de crème, des lipides et glucides.

Leçon n° 5 – Surfer sur le 5 par jour

Avez-vous remarqué que depuis la campagne du PNNS (Programme national nutrition santé) sur « 5 fruits et légumes par jour », toutes les recettes de jus en mélange, soupes, plats cuisinés divers, etc. contiennent toujours 5 fruits ou légumes ? Mais jamais 3, ni 4, ni 6 !

Par exemple, cette petite fiole prétend contenir 200 g de fruits et légumes alors qu'elle ne pèse elle-même que 100 g, et contient une boisson liquide. Il aurait dû être marqué : « fait à partir de 200 g de fruits et légumes ».

Et ce plat d'aubergines cuisinées qui indique en face principale que 60 % des besoins en légumes sont couverts... Simple équation : j'ai besoin de 400 g de fruits et légumes par jour, donc environ de 200 g de légumes, donc ce plat couvre 60 % de mes besoins en légumes...

Cette boisson à base de fruits indique « 5 vital »... elle contient – bien sûr – 5 fruits différents. En face principal, un logo « apport combiné vitaminique » semble indiquer que ce produit apporte exactement les vitamines de 5 fruits et légumes...

Leçon n° 6 – Inonder d'informations scientifiques

Noyez l'adversaire sous un torrent d'informations, de préférence peu compréhensibles pour un néophyte. Plus il y a de chiffres, mieux c'est. Et surtout, surchargez bien le tableau de composition nutritionnelle afin qu'il soit bien hermétique, mais rassurant : « Au moins, ils savent ce qu'il y a dedans ». Je vous conseille les informations portées sur les emballages de croquettes pour petit-déjeuner. Un bel exemple de complexité où vous ne vous rendez même pas compte que le lait, que vous devez ajouter, et le jus d'orange sont comptabilisés dans le calcul des apports en vitamines ! Trop fort !

Leçon n° 7 – Enfoncer les portes ouvertes

Dire l'évidence, parfois, c'est super ! Il faut essayer ! Comme ce « contrat calcium » porté sur une bouteille de lait. Du lait avec du calcium ?

Original…

Ou ce yaourt qui donne de l'énergie ?… mais pas plus qu'un autre yaourt sucré… Et ces spaghettis pauvres en graisse !

Leçon n° 8 – Imaginer des logos

Pour rassurer les consommateurs et donner l'apparence d'une garantie nutritionnelle produite par quelque rabbin nutritionnel, voici l'ère des logos. Du « capital santé », au « contrat enfance et nutrition », des « calories utiles », au EDP « énergie à diffusion progressive », tout est là pour rassurer le chaland.

Leçon n° 9 – Les allégations qui ne sont plus permises

Même si elles ne sont plus permises, certains se les autorisent ! Jusqu'à quand ? Voici les allégations faisant référence à des effets bénéfiques généraux, non spécifiques, d'un nutriment ou d'une denrée alimentaire sur l'état de santé général et le bien-être, comme cette « eau pour le tonus ».

Il est interdit de faire des allégations faisant référence aux conseils formulés par des médecins ou d'autres professionnels de la santé. Pourtant, les mentions comme « recommandé par les nutritionnistes » font florès !

Leçon n° 10 – Des informations agressives

L'offensive est parfois la meilleure des défenses… Pour ne pas avoir à défendre une composition nutritionnelle médiocre, encore vaut-il mieux attaquer en affichant des feux rouges ou orange, des cartouches avec des pourcentages occultes, des camemberts, des tableaux, des repères et autres…

Rassurants? Mais si omniprésents qu'ils coupent toute envie d'en savoir plus!

Focus

Mais alors?

Est-il possible d'informer sans tromper? Pour la plupart, et contrairement aux idées reçues, les industriels ont une conscience et craignent de commettre des péchers communication. Pour eux, voici quelques règles d'éthique nutritionnelle:

- Ce que l'on dit devra être soutenu par la communauté des nutritionnistes, vérifiable par analyses reproductibles.
- On ne perd pas de vue les quantités consommées réellement par le consommateur: l'effet dose. S'il faut que le consommateur mange le paquet pour avoir le bénéfice annoncé, on oublie!
- On ne perd pas de vue la fréquence de consommation et le risque de limite de sécurité.
- On ne perd pas de vue le profil nutritionnel des consommateurs qui consommeront effectivement le produit: les enfants en particulier!
- On ne perd pas de vue les dérives d'utilisation, en pratique: le bébé à qui l'on donne le Nesquik au blé (gluten) par défaut; l'enfant à qui l'on tartine cette margarine anticholestérol!
- Enfin, et surtout, restons modestes dans nos effets d'annonce!

La réglementation comme garde-fou?

Le cadre semble rigide, en effet… mais nous avons affaire avec des experts en marketing qui n'ont qu'un but: vendre.

Alors le « hors-piste nutritionnel » est fréquent !

Mais la nutrition est une question de confiance... et d'éthique. Les consommateurs sont perturbés et traumatisés par les promesses exagérées. « *Les industriels sont tous des menteurs et des falsificateurs* » disent-ils à une majorité en France. Et on les comprend !

La nutrition est une question d'intimité. Il faut de la pudeur, de la modestie.

Les consommateurs ne sont pas prêts à gober n'importe quoi.

La nutrition est un plein panier d'idées reçues... et les consommateurs ont besoin de preuves. Habituellement, les mangeurs ont une vision binaire des aliments (le lait contient seulement du calcium, le fruit seulement de la vitamine C). Parfois, leur vision est occultée par leurs envies : donc le chocolat est riche en magnésium, parce qu'il faut bien que je trouve un prétexte nutritionnel !

Mais la nutrition devient un paquet de nouvelles idées fausses imposées par les marques. Par exemple, ce vendeur de croquettes de petit-déjeuner qui a fait croire aux Français que les tartines étaient mauvaises !

Ou cet autre – consortium – qui a fait croire que l'huile d'olive était une huile santé... alors qu'elle ne contient rien d'essentiel.

Il y a aussi l'arnaque des oméga 3, du régime crétois, et j'en passe !

En fait, ce qu'il nous manque, c'est un BVPN : Bureau de vérification de la publicité nutritionnelle !

5. Pléonasme (histoire d'un biscuit riche en céréales)

Même en alimentation, on arrive à marcher sur la tête !?

N'avez-vous jamais vu de biscuits riches en céréales…, de soupes riches en légumes…, ou de compotes riches en fruits !? À quand le vin riche en raisin ou le sucre riche en betteraves ?

Pour qui nous prennent-ils ?

Il faut le savoir, il y a, en marketing alimentaire, des mots magiques. Des sésames du porte-monnaie ! Calcium, fibres, antioxydants, par exemple, en font partie. Il y en a beaucoup d'autres. Et, au fil du temps, des avancées scientifiques, des connaissances des consommateurs, du *lobby* des fabricants, de la capacité et du talent des « marketeurs » à communiquer, d'autres mots magiques apparaissent et avec eux leur lot d'allégations. Ainsi, le calcium marche avec la vitamine D et la construction du squelette, la vitamine C avec l'énergie et la vitalité, les oméga 3 avec la construction du cerveau, les probiotiques avec le confort intestinal. Les fruits et légumes marchent par 5, au moins…, les céréales sont complètes, c'est le minimum, etc. Et toutes ces formules magiques sont reprises en gros sur les emballages des produits, avec parfois peu d'à propos. D'où des biscuits riches en céréales et des crackers qui contiennent 97 % de céréales[1].

Parfois, ils y vont fort : les jus de fruits sont sans colorant* ni arôme artificiel*, et sans conservateur* ! Tout comme

1. P'tite cracotte de LU.

les soupes qui sont sans colorant et sans conservateur* – et cela renvoie à la mention « * selon la réglementation en vigueur ».

C'est quand même bien le minimum que de respecter la loi, n'est-ce pas ?

Sinon, la Charlotte[1] est aux « biscuits à la cuiller », on l'aurait parié !

Tous ces mots qui font « tilt » dans notre conscient ou notre subconscient sont placardés en *facing* des produits afin d'émouvoir notre sensibilité.

6. Induire en erreur

NON ! L'eau riche en calcium n'apporte pas un calcium que l'os peut fixer et retenir. Car il lui manque du phosphore et de la vitamine D… Au-delà, il lui manque beaucoup de choses pour que son calcium soit non seulement fixé dans l'os, mais en plus retenu par l'os. Donc, c'est vous qui l'avez (dans l'os). C'est bien la raison pour laquelle les nutritionnistes nomment ces eaux « déminéralisantes », car elles procurent précisément l'inverse de l'effet escompté.

NON ! les biscuits diététiques ne sont pas moins caloriques que les autres. Souvent, ils le sont bien plus, même. Ils sont « diététiques » pour d'autres raisons. Parce qu'ils sont faits avec du fructose, ou qu'ils contiennent du germe de blé, ou autre raison nutritionnelle. Ils sont plus sains mais pas allégés.

Souvent, l'argument nutritionnel est accompagné d'une formulation à la saveur étonnante, ou une texture digne d'étouffer tout le clergé ! À croire que notre culture

1. Charlotte aux fruits ou Charlotte au chocolat - Rians.

judéo-chrétienne s'applique également à notre alimentation, la culpabilité alliée au repentir. Dès lors, le sacrifice passe par « manger moins et moins bon ». Mais en moins, nous parlerons de gramme et non de calorie… juste de quoi angoisser, avoir des scrupules et de la culpabilité. Mais rien qui pourrait nous faire apprécier les petites portions congrues, insipides et sans saveur.

NON ! « allégé » ne veut pas dire « léger », « teneur réduite en sucre » ne veut pas dire « sans sucre », et même ! la mention « sans sucre » ne veut pas dire qu'il n'y en a pas de sucre dans le produit !? Tout est une question de vocable : mais il est évident qu'un produit à base de fruit ne peut pas être sans sucre, même si on n'en ajoute pas, car le fruit en contient naturellement. Aussi, les produits aux fruits sans sucre ajouté contiennent néanmoins le sucre naturel des fruits. Logique.

L'allégation « - 25 % de sucre et + 15 % de fruits », ça donne quoi au total ? Encore trop de sucre et encore vraiment pas assez de fruits ! Calculons. Dans un paquet de biscuits type barquette ou tartelette, il y a, à la base, UNE fraise pour réaliser la TOTALITÉ du fourrage de TOUT le paquet. Oui ! j'ai recompté… Ainsi, 25 % de plus nous donnent 1,25 fraise, c'est évidemment beaucoup plus, mais quand même pas suffisant pour être comptabilisé dans une de vos portions de fruits journalières. En revanche, question sucre…, question gras…, je vous laisse juge !

Mais sachez que ce type d'allégations comparatives est à mettre en rapport avec la moyenne des produits concurrents. Et de temps en temps, oh ! surprise : l'allégation « seulement 15 % de matières grasses » est apposée sur un produit qui contient plus de matières grasses que le produit « normal ». Ça aussi, ça laisse rêveur. Faites l'expérience vous-même, vous verrez. C'est de temps en temps hallucinant.

Jetez donc un œil au rayon des croquettes pour petit-déjeuner. Une marque très très connue ose proposer un produit qui est censé vous aider à maigrir… et en lisant la composition nutritionnelle, on voit que ce produit minceur est plus gras et plus calorique qu'une céréale chocolatée pour les enfants ! Cherchez l'erreur. Mais moi, je prétends que c'est une tromperie digne de l'enfermement. Et ces menteurs qui les gouvernent devraient avoir une obligation de soin thérapeutique avant de retravailler pour l'industrie alimentaire !

Attention donc : un concombre pouvant en cacher un autre, mieux vaut fermer les yeux sur ces merveilleux qui vous racontent n'importe quoi. Lisez donc les étiquettes et regardez les chiffres dans le fond des yeux.

Les allégés encore, de plus en plus légers ! Du vent !

Certains produits allégés sont tellement courants qu'ils sont devenus les référents du marché. Par exemple, le lait demi-écrémé, le jambon dégraissé, la crème fraîche 20 % de MG…

D'autres continuent à apparaître dans les grandes surfaces. Toujours plus légers, toujours plus prometteurs. Certains ne font pas long feu dans les rayons.

Il y en a un nouveau auquel je ne présage pas un bon avenir : un « beurre » si léger qu'on se demande bien comment il ne s'envole pas du rayon beurre. Avec 10 % de matières grasses, il n'a du beurre que le packaging. Regardez un peu la liste des ingrédients : de l'eau en premier, des texturants, émulsifiants, colorants, gélifiants, conservateurs… Miam-miam, il a l'air bon ce

« beurre » ! En plus, il ne fond pas ce beurre : tout pour plaire, quoi !?

En principe, le beurre contient naturellement 80 % de matières grasses. La différence est donc flagrante. Mais quel est l'intérêt de faire un produit si léger ? Et qui ne ressemble plus à rien ? Le beurre classique a beau être gras, il apporte des vitamines et surtout de la gourmandise. Aussi, consommé raisonnablement, il a tout à fait sa place dans notre alimentation, comme l'huile d'ailleurs.

7. Tromperie

Il y a des produits alimentaires pour lesquels l'escroquerie est qualifiée… Je m'explique. Prenez un jus de fruits : s'il est « pur jus pressé », il sera proche nutritionnellement d'un jus que vous aurez fait chez vous en pressant quelques fruits. Bien.

S'il s'agit d'une boisson contenant du concentré de fruits, elle devient plus sucrée que le fruit lui-même, car qui dit concentré signifie que l'on a retiré de l'eau. De ce fait, tous les nutriments sont proportionnellement concentrés en plus grande quantité dans la composition… Sauf les vitamines ! Donc du fruit, vous n'avez plus que le sucre ! Mais ni les fibres ni les vitamines. Dommage, non ? Aussi, quand vous consommez un *smoothie* ou un jus de fruits à base de concentré, vous augmentez *de facto* votre apport en sucre. Qui le sait ?

Regardez le tableau nutritionnel, vous constaterez que la teneur en sucre est non négligeable. Amusez-vous à comparer les tableaux avec des purs jus et/ou avec des *soft-drinks*… Là, ça fait peur. Peu d'entre vous envisageaient une comparaison aussi peu flatteuse pour le produit de fruits ?!

L'art de la communication est réservé à une poignée de *happy few.* Prenons au hasard cette petite fiole qui prétend contenir tellement de fruits et légumes qu'il permet de couvrir la moitié de vos besoins de la journée…

La moitié de mes besoins en fruits et légumes de la journée ? Déjà, il faut un panier. Vous y mettez une ou deux carottes, une tomate, une bonne quantité de haricots verts, une salade verte, un pamplemousse et un demi-ananas. Oui, j'aime bien l'ananas. Alors la moitié de ça, même pelé et lavé, ça ne rentre pas dans leur pot.

D'ailleurs, qui y croit à ce truc ?!

Le problème, c'est qu'ils ont ouvert la voie dans cette mauvaise direction : celle qui promet au consommateur des choses qu'il n'aura pas. Et le consommateur, soit il est naïf et donc il se fourvoie et sa santé en pâtira. Soit il est malin et ne croira pas à toutes ces combines…

C'est ainsi que la moitié des consommateurs français ne fait plus confiance aux promesses des marques alimentaires. Merci aux industriels peu scrupuleux ! Et à force d'exhiber des pseudo-nutritionnistes pour cautionner leurs mensonges, ils feront que les Français ne tarderont pas à ne plus faire confiance du tout aux nutritionnistes, les vrais comme les faux… Merci pour nous !

Alors, de grâce, ouvrez les yeux et cessez de croire au Père Noël. Vous pouvez aussi sanctionner ces marques indélicates qui nous prennent tous pour des crétins.

Depuis peu, et après les adultes, voici que l'on fait un produit pour arnaquer les enfants… Idem, cette fiole ressemble à un « Actimel® » de fruits, qui ferait croire à la gourde d'Astérix. Et la pub vous dit que là-dedans, ils ont réussi à faire rentrer 200 grammes de fruits et légumes alors que la bouteille ne pèse que 100 g et que le jus qu'elle contient est bien moins dense qu'un fruit – ils sont forts quand même !

Comme précédemment, je me suis penchée sur le rebord de la fiole et j'ai vu. Et j'ai compris. Dans une bouteille de ce mélange de fruits et de légumes (en fait, des jus concentrés… comprenez qu'on a concentré le sucre, mais aucunement les vitamines, les antioxydants ni les fibres), il y a **deux fois plus de calories que dans le même volume de Coca** et moitié moins de vitamine C que dans le même volume d'un simple pur jus d'oranges…

Alors oui : cette bouteille a nécessité – sans doute – 200 g de fruits et de légumes pour en tirer 100 % du sucre… mais ils n'ont malheureusement pas laissé les nutriments précieux entrer dans la bouteille ! Pas d'antioxydant, juste un tout petit peu de vitamine C ajoutée au dernier moment (même pas celle des fruits et des légumes utilisés), très peu de fibres…

En effet, chaque fiole contient 10 à 14 grammes de sucres ! Soit une très grosse cuillerée à soupe de sucre. Ce sont des sucres naturels ? Eh oui, bien sûr : le sucre est naturel… mais à côté, rien de valable nutritionnellement.

Autre exemple : regardez les croquettes !? Ils appellent ça « des céréales » sans aucune raison… quoi ? Parce qu'elles sont issues de céréales ? Mais le sucre, il s'appelle « sucre » et pas « betterave » ! Et non contents de nous balader avec un nom très prétentieux, ils nous font croire qu'il n'y a pas de salut sans croquettes au petit-déjeuner !

Et, vous ne donnez pas de croquettes à vos enfants le matin ? Mais vous êtes des parents indignes, car tous les nutritionnistes vous disent qu'il faut des céréales le matin ! Des céréales, oui. Du pain, par exemple... Mais pas des croquettes dans lesquelles l'amidon des céréales a été transformé en sucres, avec et sans « s ».

Les allégés : progrès ou enfer pour l'humanité grossissante ?

Le petit homme qui naît a plus de chances d'être trop gros que trop maigre. Un Martien pourrait considérer que c'est un progrès : depuis l'apparition de l'Homme sur Terre, bien des enfants sont morts de faim. Bien des femmes n'ont pu mener à terme leur grossesse, bien des hommes sont morts trop jeunes parce que mal nourris.

Depuis, seulement quelques décennies, les hommes surveillent ce qu'ils mangent afin de ne pas prendre trop de poids : c'est le monde à l'envers ! Il fut un temps où « être en forme » signifiait « avoir des formes ». En Afrique, aujourd'hui, avoir une femme ronde est signe d'opulence. En revanche, une femme maigre ou mince désigne une personne pauvre ou dont on s'occupe mal.

Signe des temps modernes, les formes ne sont plus en odeur de sainteté. Pire ! Elles sont synonymes de classes défavorisées. Et cela va loin... jusqu'à l'anorexie de ces filles top modèle qui se tuent à la tâche et dont les silhouettes payent le prix fort pour s'exhiber sur le podium de la mode[1].

Pour faire face naturellement à ce nouveau challenge, les aliments que nous avons à notre disposition se sont allégés : les plats cuisinés, les cochonnailles, les pâtisseries... se sont faits peu à peu avec moins de gras, afin de mieux

1. En 2006, le gouvernement régional madrilène a en effet exclu les mannequins présentant un indice de masse corporelle (IMC) inférieur à 18.

satisfaire les consommateurs. La preuve ? Le jambon de Paris en 1950 apportait en moyenne 17 % de matières grasses. Aujourd'hui, il en apporte moins de 5 %... Idem pour les plats cuisinés et même pour le célèbre pot-au-feu ou le cassoulet.

Quand le lait est sorti avec son bikini « demi-écrémé », il a scandalisé toute la population. Les uns criant au scandale et à l'usurpation, les autres au blasphème. En 20 ans, le lait demi-écrémé est devenu le référent du marché. Et les industriels ont tout de suite compris qu'il y avait là un filon en or. Car les gens sont persuadés qu'ils ne savent pas faire d'allégés chez eux ! Aussi sont-ils prêts à dépenser des tas d'euros pour pouvoir manger moins (moins gras, moins sucré) !

Or, ce qui coûte cher dans le lait, c'est la matière grasse. Eh oui ! Le lait 0 % devrait donc être un coproduit, et donc vendu très très peu cher... Un plat cuisiné « moins de 350 Kcalories » est vendu 30 à 50 % plus cher qu'un autre... Alors qu'un filet de n'importe quel poisson accompagné de n'importe quel légume vous apporte moins de 250 Kcalories... Où est l'erreur ?

Oui, ma bonne dame, ils ont détraqué la nourriture avec leurs bombes atomiques !?

Alors quand vient la saison des amours, en prévision de tenue légère, *Homo sapiens* pas très *sapiens* a des comportements inouïs, un peu comme s'il n'avait plus de neurones. Il achète des allégés et les mange par deux, puisqu'il a – enfin ! – la conscience tranquille !

Et vous aurez remarqué que les allégés concernent aussi et surtout les aliments facultatifs qu'une personne sensée évite de consommer lorsqu'elle tient à avoir un

FOCUS

Un yaourt *light* apporte autant de calories qu'un yaourt nature, ceux qui sont vendus par 16 ou 24 en bas des gondoles réfrigérées. Mais il coûte 30 % plus cher. Et comme vous en mangez deux, plouf !

Bilan : deux fois plus de calories ingérées, un prix majoré de 30 %, soit exactement l'inverse de l'effet escompté. Et je ne vous parle pas de gastronomie, cela risquerait de vous déprimer. Vous auriez dû acheter un yaourt à la fermière, tranquille !

poids corporel normal. Les chips, les rillettes, le chocolat, les biscuits, les crèmes glacées, les bonbons… Est-ce vraiment utile de vous dire que tout cela est ridicule ? Et digne des Américains qui envisagent, sans rire et sans complexe, un régime alimentaire à base de Coca *diet* et de crèmes glacées allégées. C'est le délire total. Pas étonnant que l'épidémie d'obésité se répande comme une traînée de poudre, alimentée qu'elle est par des cohortes de personnes « qui ne mangent rien et pourtant, je ne comprends pas, je grossis » !

Allez, je vous fais un cadeau. UN vrai : c'est GRATUIT.

Pour savoir si votre allégé est un « bon » allégé ou un « attrape-consommateur », lisez et comparez les étiquettes.

Exemple n° 1 : Coca contre Coca *light*. Dans un, il y a 35 Kcalories pour 100 ml, dans l'autre, seulement 1 calorie. En lisant la liste d'ingrédients, vous comprenez que dans le premier, vous avez du sucre, pas dans l'autre. Tout va bien : c'est clair.

Exemple n° 2 : des céréales de petit-déjeuner portant une marque « explicite régime » genre « ventre plat » contre une céréale de petit-déjeuner pour un enfant, normale. Or, les deux présentent un même nombre de calories... Louche ! La première a un peu moins de sucre que la 2e, mais elle a plus de lipides... Super louche ! Résultat : arnaque totale.

Nous avons tous besoin de réduire nos consommations de calories, de sucres, de graisses... Les produits qui peuvent être légitimement écrémés seront donc les bienvenus... lait ou crème allégés, beurre demi-écrémé, fromages allégés... tout ça est bon à prendre. Idem pour les sodas *light*, en sachant toutefois que ces boissons devraient rester du domaine de l'occasionnel.

> **Et vous, dans tout ça ?**
> N'oubliez pas votre corps. Il mémorise, lui, tout le mal qu'on lui fait. Pourquoi le « punir » de deux yaourts 0 % quand un bon yaourt normal l'aurait tant rassasié, comblé, satisfait ? Faites-lui plaisir et n'attendez pas qu'il se venge !

Buvez-vous un apéro tous les jours ? Boiriez-vous du Coca tous les jours ? Non. Alors, ne buvez du Coca *light* qu'épisodiquement.

8. Ignorance

Elle vient de tous côtés. Certains sujets sont kidnappés par l'industrie qui les traite et les maltraite. D'autres sont l'objet d'une attention particulière des scientifiques qui donnent en pâture des résultats parfois anachroniques (aspartame, calcium et régime alimentaire) dans des milieux bien pensants qui s'empressent de mettre le feu aux poudres, avides qu'ils sont de sensations fortes. Revient périodiquement dans les esprits le lien entre l'aspartame et le cancer. De la même manière, certains tentent de démontrer que le calcium est facteur de réduction de poids… que le lait donne le cancer et certains additifs le crétinisme des enfants !

Le cholestérol est l'objet de toutes les attentions car il concerne un très grand nombre : c'est un des mots les plus employés à propos de nutrition, que ce soit par les praticiens, les patients ou Monsieur Toutlemonde…

Il y a peu, l'INRA découvrait une bactérie mangeuse de cholestérol chez l'homme… On connaît depuis longtemps certaines souches bactériennes naturellement présentes dans le tube digestif, capables de capter le « mauvais » cholestérol et de l'éliminer dans les fèces sous forme de coprostanol. Baptisée « Bacteroides dorei Strain D8 », cette bactérie pourrait à terme être bénéfique pour diminuer le taux de cholestérol trop élevé chez les sujets à risques. Mais curieusement, cette bactérie bénéfique (et ses cousines) est très inégalement répartie dans les colons. Ce qui signifie que certains sujets sont mieux munis que d'autres pour éliminer leur excès de cholestérol. Il n'y a pas de justice nutritionnelle. On le savait déjà !

Le challenge pour ces chercheurs est d'arriver à déterminer la ou les 2 ou 3 bonnes souches bactériennes parmi la centaine de milliards que contient normalement chaque gramme de flore intestinale présent dans notre bidon. C'est une question de persévérance…

Tandis que plus d'un tiers des Américains présente déjà de forts risques en raison d'un taux élevé de cholestérol, les Français, dont le taux est tout aussi élevé, résistent et la prévalence des maladies cardio-vasculaires reste moins forte chez nous. Ce qui nous amène au *french* paradoxe, foie gras et vin rouge : y'a que ça de vrai !

Pourtant, ce type de pathologies reste la première cause (à égalité avec les cancers) de mortalité prématurée des adultes, en France.

Le deuxième Programme national nutrition santé (2006-2010) a posé comme un des objectifs prioritaires de réduire de 5 % la cholestérolémie moyenne dans la population adulte, afin de contribuer à la prévention globale des risques de maladies cardio-vasculaires et de cancer.

Aussi, ne baissons pas la garde et continuons à lutter pour une alimentation équilibrée, savoureuse mais raisonnable, riche en bonnes graisses[1], elles aussi « transporteuses » de cholestérol vers la sortie.

Des comportements alimentaires en évolution

Les Français commencent à bien comprendre les bénéfices d'une alimentation saine et équilibrée, et ils consomment de plus en plus d'alicaments[2]. Cette vigilance influe sur les attitudes alimentaires : une personne sur cinq déclare que la question du cholestérol influe systématiquement sur leurs habitudes alimentaires. Cette proportion passe à 27 % chez les hommes et à 45 % chez les personnes préoccupées par le cholestérol. 89 % des personnes interrogées tiennent compte des conseils

1. Les oméga 3 végétaux sont encore les meilleurs : colza, soja, noisettes, etc. Une petite cuillerée par jour suffit. Source : INRA, mars 2008.

2. Aliments fonctionnels qui ont un bénéfice avéré ou reconnu sur la santé : oméga 3, stérol, antioxydant...

d'hygiène de vie et ont limité la consommation de certains aliments…[1]

9. Émergence de produits sortis de nulle part !

Il y a aussi et tout d'un coup des produits miracles.

Quinoa : la petite graine qui monte, qui monte

Alors qu'elle est connue depuis la nuit des temps, sans bruit, voici qu'en 2008, le quinoa fait subitement parler de lui ! Personne ne le connaît particulièrement sous nos latitudes. Alors ? Exception nutritionnelle ou exploit marketing ? Serait-il aussi merveilleux et exceptionnel qu'on le dit ? On entend, çà et là sur les ondes, qu'il ne serait qu'un composé de merveilles nutritionnelles. Qu'en est-il vraiment ?

Le quinoa (*Chenopodium quinoa*) est une plante herbacée annuelle de la famille des chénopodiacées, la famille de l'épinard, somme toute, l'équivalent de notre *Acetosella* (ou grande oseille), cultivée pour ses graines riches en protéines. Ce n'est donc pas une céréale au sens strict. Originaire d'Amérique du Sud, elle est consommée depuis au moins 5 000 ans, et a été rendue célèbre par les Incas, notamment.

Comme le haricot, la pomme de terre et le maïs, le quinoa était la base de l'alimentation des civilisations précolombiennes. Il n'a cependant pas eu le succès des autres car l'enveloppe de ses graines est riche en saponines… il

1. « Les Français et le cholestérol », étude réalisée en novembre 2006 par l'institut Opinion Way pour Forbes Medi-Tech Inc.

faut donc les décortiquer et les rincer longuement ! En plus, sa farine n'est pas panifiable, à cause de l'absence de gluten dans sa composition. À l'inverse de la pomme de terre, le quinoa est resté sur ses terres d'Amérique et n'a pas connu l'expansion de ses cousines.

Le quinoa cru apporte 368 Kcalories pour 100 g et 14 % de protéines. Certaines sources documentaires prétendent que ces protéines contiennent tous les acides aminés essentiels à la vie humaine. Ce qui serait un vrai atout, mais dont il faut confirmer l'exactitude. Toujours sous forme crue, le quinoa est riche en fer (4,5 mg/100 g), en magnésium (197 mg), en zinc (3,1 mg) et sélénium (8,5 µg). Attention à ces chiffres qu'il faut relativiser car une portion de quinoa est faite avec seulement 25 g de graines crues... On a alors des atouts nutritionnels qui sont comparables à ceux de nos céréales continentales et nos légumineuses. Le quinoa cru est aussi riche en vitamine B9 ou folates, contient de la vitamine E et quelques vitamines du groupe B. Rien d'exceptionnel, donc.

Mais sa richesse en saponines la rend déconseillée aux jeunes enfants, femmes enceintes et allaitant, et à toutes les personnes fragiles.

En conclusion, le quinoa a la chance d'avoir, à défaut d'une composition nutritionnelle exceptionnelle, une excellente attachée de presse dont je salue, ici, le travail efficace !

Sans oublier le soja, panacée ou poison ?

C'est une des denrées majeures des Asiatiques, avec le riz. À eux deux, ils permettent de faire des repas équilibrés, entourés de mille autres choses. Or, les Japonais, pour ne parler que d'eux, ont la meilleure espérance de vie au monde. De là à l'attribuer au soja, il n'y a qu'un pas que d'aucuns ont franchi allègrement. Mais cela irait à l'encontre des principes de base de la nutrition qui exigent de l'équilibre alimentaire qu'il s'applique à l'alimentation en général et non à un ingrédient en particulier. Et ce raccourci ferait fi des poissons (crus et cuits), légumes sautés et du peu de matières grasses que cette population ingurgite.

Néanmoins, les graines crues de soja vert (Glycine max) contiennent 76,5 % d'eau, et apportent 147 Kcal. Des protéines oui : elles en contiennent 12,95 %, des lipides aussi (6,8 %), des glucides (11 %) et des fibres (4,2 %). Comme toutes les graines de légumineuses, le soja vert apporte du calcium (197 mg), du magnésium (65 mg), du phosphore (194 mg), du fer (3,55 mg) et des vitamines, y compris la vitamine C (29 mg).

Mais ce soja vert n'est pas celui que vous croyez !

En effet, celui que l'on consomme est le soja jaune, haricot mungo que l'on trouve sous forme de farine, de pousses, de tofu, de lait... Très apprécié des Asiatiques, il est peu utilisé dans la cuisine occidentale. Mais sachez que plus de la moitié de la production mondiale de soja est OGM et ça, ça n'a pas de goût, mais c'est une réalité qui ne change en rien la composition de cette légumineuse qui, par ailleurs, n'en a pas beaucoup (de goût). Riche en protéines sûrement, mais pas plus que notre bonne vieille viande de bœuf ou si vous tenez absolument à un apport protéique végétal, vous vous contenterez sans doute de lentilles !? Pas de quoi en faire un plat !

10. Que choisir : protéines ou glucides ?

Depuis quelque temps, la consommation de protéines revient sur le devant de la scène : comme nutriments satiétogènes ou comme éléments favorisant la masse musculaire, elles supplantent les glucides. Que faire ? Bien entendu, tout dépend de vos objectifs : avoir une alimentation équilibrée ou perdre du poids ?

Les règles de l'équilibre alimentaire indiquent, pour les Français, un apport recommandé en protéines d'environ 12 à 15 % des calories quotidiennes. Or, les études épidémiologiques récentes (INCA II, par exemple) indiquent que nous en sommes plutôt à 17 %.

Il en résulte que l'organisme n'a pas de réserves de protéines hors le muscle. Mais ce n'est pas en mangeant des protéines que nous faisons du muscle : il faut surtout faire de l'exercice pour que le muscle se développe. Aussi, « l'excès » de protéines que nous mangeons sera utilisé pour assurer l'énergie. Or, en se dégradant, les protéines produisent aussi des déchets – l'urée – que l'on retrouvera dans les urines. Et pour chaque gramme de protéines à éliminer, il faudra 7 g d'eau. Aussi, un excès de protéines doit toujours s'accompagner d'un surplus d'eau. Elles ont en effet un pouvoir rassasiant, et elles permettent de mieux supporter un régime amincissant… mais attention aux « dégâts colatéraux » cités ci-avant !

Par ailleurs, les principales sources de protéines animales en France sont accompagnées de graisses le plus souvent saturées. Donc à chaque « excès » de protéines sont collées des graisses saturées, en excès également. Vous êtes alors doublement perdant… Sauf si vous ne consommez que des poissons sauvages ou des protéines maigres type poudre de lait écrémé.

Quant aux protéines végétales, elles ne sont pas parfaites non plus…

Voyons les glucides : les règles de l'équilibre alimentaire indiquent qu'il faudrait consommer 55 % de nos calories quotidiennes sous forme de glucides majoritairement complexes. Ce qui signifie que pour chaque œuf consommé, il faudrait équilibrer avec 3 pommes de terre de poids égal à l'œuf ! Or, nous aurions plutôt tendance à manger une énorme entrecôte et surtout pas de pommes de terre car ça fait grossir !??

Dès lors, si votre objectif est l'équilibre alimentaire durable, et un maintien de votre poids de forme, misez sur les glucides complexes. En revanche, si votre objectif est de maigrir, choisissez les protéines maigres pour leur pouvoir satiétogène, mais en prévoyant un retour à l'équilibre à moyen terme. Ce qui ne sera pas facile !

Dans tous les cas, le régime hyperprotéiné ne peut pas se concevoir à long terme, sous peine d'effets nutritionnels secondaires désastreux. Donc prudence.

11. Que dire des yaourts qui rendent obèses ?

Nous sommes toujours à la recherche du responsable de l'épidémie d'obésité… Comme s'il devait n'y en avoir qu'un seul, mais un vil qui se cache bien quelque part… Cette fois, ce sont les yaourts qui sont mis en exergue. Au-delà du yaourt à proprement parler, il s'agit des probiotiques[1] qu'on y ajoute – pour NOTRE SANTÉ – et qui, selon les travaux scientifiques du Professeur Raoult, exempts de tous soupçons partisans et dont on ne peut renier le sérieux, ont les effets promoteurs de croissance chez le poulet. Il vous faut savoir, en préalable, que ça fait belle lurette qu'on tente de trouver des facteurs de croissance pour les animaux nourrisseurs d'homme comme le porc, le veau et les volailles, depuis que sont interdites les hormones de croissance.

Restent les antibiotiques, qui fonctionnent pas mal, et les prébiotiques, sortes de fibres bifidogènes qui ont donné de bons résultats. On leur associe parfois des probiotiques – vos bons vieux ferments que vous consommez habituellement dans les yaourts.

Cette publication[2] montre qu'une seule dose de *Lactobacillus fermentum* permet d'améliorer la croissance en poids et le facteur d'efficacité nutritionnelle des repas.

Certains journalistes *people* se sont jetés sur l'aubaine pour avancer des titres comme « Danone vous rend obèse » ou « les yaourts rendent obèses », tout en jetant le discrédit sur cette industrie qui nous empoisonne.

Mais, pourquoi tant de haine ? Parce qu'ils ne vendent pas de yaourts, eux, mais bien du papier, en quantité proportionnelle au niveau de surprise que peuvent provoquer leurs titres. Alors, cher mangeur : tout comme vous faites attention aux allégations et aux promesses superlatives

1. Les probiotiques sont des fibres qui vont « nourrir » la flore intestinale. Celle-ci va pouvoir se développer à loisir et améliorer le système digestif de son hôte.

2. « *Et si les bactéries utilisées pour la transformation des produits laitiers étaient en partie responsables de l'épidémie d'obésité qui frappe les pays occidentaux ?* », Pr Raoult, février 2008.

que les sociétés alimentaires tentent de vous faire gober (« des noisettes pour penser et se dépenser », « pleins de fruits » et autres mensonges...), faites aussi attention aux effets d'annonce de la presse, qui cherche avant tout à vous faire acheter le papier, qui ne risque pas de rendre obèse ni votre corps ni vos neurones, bien au contraire !

12. Le brocoli comme protection contre le cancer ! ?

Oui ! Mon gamin est revenu du lycée l'autre jour avec ce *scoop* ! Et bien sûr, il y croit dur comme fer. Ce genre d'informations brutes fait bondir les médecins, et à juste titre. Imaginez cette cohorte de médecins chercheurs qui, depuis plus de 50 ans, recherchent les causes de cette maladie, à qui l'on assène : « *Mangez des brocolis et vous n'aurez pas de cancer* ». C'est vrai que c'est baroque !

Malheureusement, si c'était si simple, on ne parlerait plus de cancer. Or, ce n'est pas le cas. Et si la relation alimentation et santé est avérée, en revanche, beaucoup de fourches caudines sont encore à préciser. Les chercheurs s'y emploient. Laissons-les travailler.

En attendant, variez votre alimentation, bougez, riez et occupez votre esprit sur autre chose que votre nombril : il ne s'en portera que mieux.

13. Taille familiale et formats économiques

Comme vous le savez, la France soigne la famille. Et plus elle est nombreuse, plus les égards qui lui sont dus sont grands.

Alors, l'industrie alimentaire a voulu prolonger ce paternalisme, en proposant des formats familiaux, des formats « économiques » qui semblent s'adresser à ceux qui vivent en tribu, genre famille nombreuse.

Que croyez-vous qu'il arriva ? Largement avant Danone et son éco-pack, des décennies avant que l'on ne parle en boucle de notre pouvoir d'achat, les grandes marques alimentaires avaient déjà trouvé le filon. En effet, on peut supposer qu'un emballage rudimentaire participe à réduire le coût du produit et que, par conséquent, le prix au kilo est inversement proportionnel à la complexité de l'emballage. En clair, une grande boîte est moins chère qu'une petite pour un prix rapporté au kilo. Que nenni ! Et quelle que soit la catégorie de produits (céréales de petit-déjeuner, biscuits, yaourts, pâtes...), vous aurez des exemples dans tous les rayons.

C'est du vécu. Moi, qui suis issue d'une famille nombreuse et qui, facteur aggravant, ai la charge d'une famille nombreuse – composée de garçons qui mangent comme des dobermans –, j'achète les yaourts par 4 et non par 16, parce que c'est moins cher par 4. Vous ne me croyez pas ? J'ai moi-même été étonnée quand je m'en suis rendu compte, en pensant tout d'abord et naïvement que le magasin s'était trompé..., que l'erreur ne portait que sur un lot... Bref, j'ai commencé par changer de lunettes, puis de magasins et de marques... Je suis arrivée à la conclusion qu'il n'y en avait pas un pour rattraper l'autre. Bien sûr, cela ne concerne ni 100 % des marques ni 100 % des produits, mais très souvent, les packs familiaux ou les packs éco sont plus chers que les portions « normales ».

Quelles sont les motivations pour traiter de la sorte « les forces vives de la nation » ? Là, je suis sèche... je n'ai toujours pas compris pourquoi et cela reste un grand mystère pour moi. Qui du fabricant ou du distributeur est à incriminer, je ne le sais… Mais franchement, de temps en temps, c'est à regretter de mettre la main sur ces inepties, car quand on se rend compte du peu de cas que l'on fait de nous et de notre tribu, on pleure.

MEMO

Rappel de quelques règles de base pour éviter d'acheter n'importe quoi

Bougez, buvez, riez, variez, cuisinez, éliminez... et choisissez des aliments les plus simples possibles, que vous mettrez en œuvre le plus simplement possible : rapport qualité/prix, y'a pas photo !

Si vous pensez que vous n'avez pas le niveau (de cuisine notamment, de curiosité), essayez quand même, vous serez surpris et au premier compliment, vous serez grisé !

N'allez jamais faire les courses quand vous avez faim, car c'est le meilleur moyen d'acheter n'importe quoi et, notamment, les produits les mieux « marketés », les mieux emballés qui vous attirent avec des allégations alléchantes, mais qui ne collent pas obligatoirement avec vos exigences ou vos desiderata nutritionnelles. Cependant, la faim envoie des messages voluptueux sur les papilles, mais peu recommandables pour la culotte de cheval.

À défaut, lisez les étiquettes.

Mais dans tous les cas, faites marcher votre matière grise et tout ira mieux !

Vous aurez moins de scrupules à manger ce que vous mangez, vous serez mieux dans vos baskets et dans votre pantalon, et votre porte-monnaie ne s'en portera que mieux.

Chaque consommateur est unique et personne n'est à montrer du doigt. Nous sommes tous les clients obligés des IAA. Tantôt aguerris, tantôt ignares, parfois intéressés, parfois exigeants... Bref, pas deux qui se ressemblent. Pour autant, le chasseur-cueilleur ne sommeille plus en moi, depuis longtemps. Du reste, les progrès accomplis forcent mon admiration !

Mais, ne nous laissons pas endormir, ni abuser par cette industrie qui, par ailleurs, me nourrit sainement pourvu que je choisisse convenablement les mets que je déguste. Nous ne sommes pas des professionnels ni de la nutrition, ni du calcul, ni des comparaisons, nous n'avons pas le temps de tout lire – les caractères sont de plus en plus petits –, de tout comparer (prix, ingrédients, valeurs nutritionnelles...). Enfin, personne n'a envie de devenir parano, car à force de stigmatiser, on ne sait plus à quel Saint se vouer !

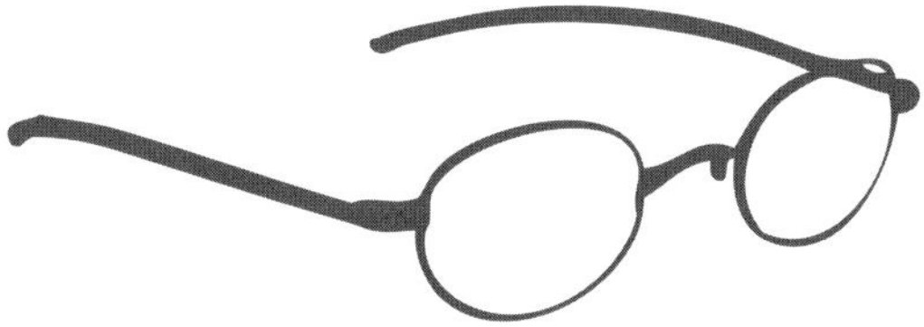

Chapitre 5

LES POINTS DE REPÈRES FIABLES

Pour ne plus se faire avoir, mieux vaut donc ouvrir les yeux et les neurones, et réfléchir un brin avec ce que nous avons tous avec plus ou moins d'abondance : le bon sens !

Ainsi, nous pouvons savoir qu'avec une alimentation équilibrée et variée, nous éloignons la possibilité de carence majeure. Qu'en matière de saisonnalité, nous avons là un bon guide... Que l'on peut se fier à son intuition en matière nutritionnelle, et qu'en gardant son esprit critique, nous restons à l'abri des arnaques.

1. Les études marketing : savoir lire entre les lignes

Savez-vous que les industriels payent fort cher des spécialistes de marketing, dont l'art est « de vous vendre des produits dont vous n'avez jamais eu besoin en vous disant qu'ils vous sont indispensables »...

Ces chers « marketeurs » dépensent des sommes importantes pour « tester » leurs idées brillantes auprès de consommateurs... Ça s'appelle un test quali ou un test quanti... un bon truc pour ceux qui veulent se faire de l'argent de poche facilement : on ne vous demande que votre avis, et vous n'êtes même pas obligé d'être sincère !

De toute cette sauce vaine, d'autres spécialistes lisent entre les mots émis dans une salle de réunion dotée d'un miroir sans tain : vous êtes donc observé par ces « marketeurs » eux-mêmes... Et ils traduisent vos borborygmes en jargon opaque compréhensible que par quelques *happy fews.*

Bilan et enseignements

Les consommateurs ont leur langage propre, et les enquêteurs ont bien du mal à les comprendre. Quand il leur est demandé pourquoi ils ne consomment pas plus de fruits ou de poisson, la réponse est « le prix ».

Et bêtement, les enquêteurs inscrivent « le prix » sur la fiche, au bout de laquelle l'ordinateur statistiqueur formulera un chiffre qui sera repris par tous les téléscripteurs de la planète tant il est laconique et conforte bien toutes les idées fausses et reçues (une litote) : les Français ne mangent pas de fruits parce qu'ils sont chers.

Manque de bol, la vérité est plus complexe.

Car le même consommateur dépense 200 à 400 € par mois pour un greffon électronique qui fait « guib guib ». Il dépense plein de sous pour des chewing-gums, des fraises Tagada, des pizzas surgelées, des tours de billard et des DVD, pour une location de chaînes TNT (non, ça n'a pas de rapport avec la tri-nitro truc machin).

Devoir nutritionnel de vacances – Leçon n° 1

Voici quelques révisions de vacances pour mieux lire les étiquettes :

- Commencez par lire la liste des ingrédients : ils sont indiqués dans l'ordre décroissant de quantité. Vous serez surpris parfois de voir de l'eau, du sucre ou de l'huile en première position.
- Les « lipides » sont les matières grasses (ne riez pas, 39 % des Français ne connaissent pas ce terme).
- « Source de calcium » (ou fer, vitamine...) signifie qu'il y a au moins 15 % des AJR (apports journaliers recommandés) pour 100 g de produit. Mais en mangez-vous 100 g ?
- Les mentions « source de lait, de fruits ou de céréales » ne sont pas réglementées. Pensez à regarder le pourcentage dans la liste d'ingrédients... surtout dans les goûters pour enfants. On a déjà vu des « riche en céréales » avec 3 % de farine de riz, « riche en lait » avec 6 % de lait, « plein de bons fruits » avec 5 % de fruits, etc.
- De même, ne vous fiez pas systématiquement à la forme, aux couleurs et aux images de l'emballage : un torrent de lait ou une multitude de beaux fruits ne sont pas proportionnels à ce que contient le produit, contrairement à ce que dit la loi !
- Pensez à comparer les produits similaires. Le « seulement x % de matières grasses » ne veut pas forcément dire que ce produit est moins gras qu'un autre. Idem pour les allégés : allégé en sucres veut parfois dire renforcé en graisses et *vice-versa* (courant pour les céréales de petits-déjeuners).
- Les jolis logos colorés du type « calories utiles », « contrat croissance », « capital santé » ou autres signatures marketing ne sont pas des labels officiels de qualités (AB, label rouge, AOC). Ils sont purement fantaisistes dans la plupart des cas !

Alors à 4 € le kilo de fruits, ce n'est pas ce qu'on peut appeler « cher ».

Non. Mais ce que le consommateur voulait exprimer, c'est que les fruits sont trop chers… pour ce qu'ils sont. En d'autres termes : ils sont décevants.

Ce qui souligne bien une notion que les « marketeurs » semblent avoir oubliée : le client achète lorsqu'il a l'impression qu'il en a pour son argent, et donc qu'il est « gagnant » dans l'échange commercial. Le téléphone portable apporte tant de services et d'avantages qu'il est en positif dans la balance « avantages/prix ».

Ce qui n'est plus du tout le cas des fruits d'été, par exemple, qui, finalement, **ne valent pas le goût** !

Mais alors ? On ne vous apprend plus ça dans vos écoles de commerce ?

2. Le plaisir : la carotte pour l'équilibre nutritionnel

Deux Européens sur trois disent surveiller ce qu'ils mangent pour des raisons de santé[1].

Ils sont tout aussi nombreux à déclarer avoir du mal à suivre un régime sain sur le long terme. Ils s'informent par l'étiquetage alimentaire, mais avouent avoir du mal à le comprendre… et là-dedans, 40 % des consommateurs pensent que le plaisir est l'antinomie de l'équilibre nutritionnel… Pauvres gens !

1. Source : étude OLA dans cinq pays européens 2007.

Les Français, eux, sont bien plus hédonistes et libertins : ils savent que « si c'est bon, ça ne peut pas faire de mal ». Adage superbe qui devrait trôner dans tous les cabinets de médecins nutritionnistes et de diététiciens. Autrement dit les « gâcheurs de soupe ».

Les Anglais sont des calories-trackeurs, obnubilés par les chiffres, comme des soldats entêtés. Grand bien leur fasse. Les Allemands les suivent dans cette quête, quand les Suédois assaisonnent leur régime de plaisir...

Mais le vrai problème vient du niveau de connaissance des consommateurs : ils en savent peu sur les règles de la nutrition, même s'ils ont la tête pleine d'informations souvent erronées du style « le sel fait grossir » ou « il faut éviter absolument les fromages qui sont trop salés et trop gras ». Ces lacunes engendrent de tragiques distorsions intellectuelles qui provoquent des déviances comportementales allant jusqu'à l'ineptie. Par exemple, cette dame qui se forçait à manger de la margarine car elle pensait que cela la ferait mincir (en plus de son alimentation habituelle, alors vous voyez !).

Ou ces nombreux patients qui arrosent toutes leurs agapes d'huile d'olive – rillettes comprises – car l'huile d'olive, c'est la santé, et ça permet de ne pas grossir... Je vous passe le reste. On ne peut pas être intelligent en toute occasion.

Mais qu'en 2009, il est encore des gens à penser que le sucre fait grossir, que le poisson fait phosphorer et que les pommes de terre sont néfastes quand les pâtes sont bénéfiques... il y a un pas que j'ose sauter : plouf. Où va-t-on ?

Ah ! Ces jeunes : il leur faudrait une bonne guerre nutritionnelle pour remettre la table dans le bon sens. Diantre !

3. Enfin le régime crétois à ne pas suivre !

Nous avons déjà beaucoup parlé du régime crétois et il a valu à certains bien du succès, mal à propos ! ... La Crête nous a déjà joué pas mal de tours.

Pour ceux qui n'auraient pas tout suivi, je vais résumer : oui, le régime Crétois est le meilleur de tous contre les maladies cardio-vasculaires ; non, les Crétois ne mangent pas plus de poisson que les autres ; non, les Crétois ne prennent pas plus d'huile d'olive que les autres. Non, les Crétois ne font pas plus de siestes que les autres.

Les Crétois mangent bien plus d'oméga 3 que les autres, mais des oméga 3 **végétaux**, c'est-à-dire l'acide alpha linolénique (AAL) pour les initiés. Non pas l'EPA[1] ou le DHA[2] des poissons, mais l'AAL du pourpier, des herbes et salades sauvages, et les animaux qui les consomment comme les escargots et les cabris.

Le problème est que… depuis cette belle découverte, les Crétois – qui avaient par ailleurs un excellent pronostic de santé cardio-vasculaire – ont subitement et avec les temps modernes – eux aussi – suivi des courbes impressionnantes d'obésité. Au point de se retrouver rapidement n° 1 européen pour l'obésité des enfants. Un vrai record vite fait devant les Américains.

Ensuite, ce fut au tour des adultes : selon l'économiste de la FAO, Josef Schmidhuber, en quarante ans, la

1. EPA : écosapentaenoïc acid.
2. Docosahexaenoïc acid.

ration quotidienne en Europe (quinze nations prises en compte par l'étude) a grimpé de 2 960 kcal jusqu'à 3 340 kcal en 2002, soit environ plus 20 %. Mais la Grèce, l'Italie, l'Espagne, le Portugal, Chypre et Malte, qui étaient plus pauvres que les pays plus au nord, ont accru leur apport de calories de 30 %. Aujourd'hui, les trois quarts de la population grecque sont en surpoids ou obèses.

Alors régime crétois, oui. Pour votre cœur et vos vaisseaux. Mais pour votre poids, non !

4. Ils sont trans, les acides !

Ces drôles d'acides passent pour être encore une invention marketing menaçante… mais pas du tout ! Ils sont bien réels, et forts indésirables pour la santé…

Les acides gras trans font partie de la grande famille des lipides ou matières grasses, et dans cette catégorie, ils appartiennent au groupe des acides gras insaturés donc des « bons » acides gras…, c'est-à-dire que ces molécules ont au moins une double liaison -C=C- entre deux atomes de carbone. On les croyait « bons »… eh bien, non. Ils ne le sont pas. Explication.

Les acides gras insaturés trans ont ceci de différent avec les « bons acides gras insaturés », que leur molécule a pris un mauvais pli… En effet, certaines molécules peuvent prendre deux formes géométriques différentes, dites « cis » et « trans », ce qui leur confère des propriétés technologiques différentes (ici, les graisses deviennent solides et non liquides et fluides), et ont un métabolisme différent (ici, ils se comportent comme des graisses saturées).

Trans ne veut dire ni « transgénique » ni « transformé », mais bien un positionnement « trans » comparé à la position « cis » de la molécule.

Ils sont pourtant d'origine naturelle pour certains, ou artificielle dans d'autres, produits par l'hydrogénation industrielle partielle des acides gras insaturés contenus dans les huiles végétales. Donc ils sont présents dans les « huiles végétales partiellement hydrogénées » mais pas dans les « huiles végétales hydrogénées »...

Leur étiquetage n'est pas encore obligatoire en Europe et en France, mais l'est au Danemark et au Canada.

Les acides gras trans de l'alimentation proviennent principalement de trois sources :

1. Dans les produits laitiers (beurre, crème, fromages, lait : environ 2 à 3 %) et les viandes de ruminants (bœuf, mouton, etc. environ 4 %). Cette source « naturelle » constitue, en France, la majorité des acides gras trans consommés : environ 50 % par les matières grasses laitières, 10-12 % par les graisses de viande d'animaux ruminants. Mais – et c'est là que ça se corse ! – contrairement aux produits industriels, ils ne sont pas facteurs de problèmes cardio-vasculaires.
2. Lors d'une friture des huiles, ou d'un chauffage à l'huile.
3. Dans les huiles végétales insaturées (ou parfois des huiles de poisson) riches en acides gras polyinsaturés.

Ce procédé industriel permet de rendre les huiles solides ou semi-solides (margarines) et moins sensibles à l'oxydation (rancissement). On les retrouve dans les margarines, mais aussi toutes les matières grasses utilisées industriellement pour faire des viennoiseries, biscuits, des croquettes de petit-déjeuner, des pâtes à pizza, feuilletée ou brisée, des gâteaux, soupes déshydratées, et tous les produits que vous feriez encore cuire à l'huile chaude chez vous !

Alors calmos ! Lisez les étiquettes car il vaut mieux manger des biscuits pur beurre que des produits faits avec des huiles végétales partiellement hydrogénées !

5. Les acides gras trans naturels seraient moins dangereux pour la santé que les trans générés par l'industrie

Rien de plus fragile que des matières grasses. Celles contenues dans la partie grasse du lait sont dans ce cas. Rien que la circulation dans les tuyauteries de la salle de traite pourrait les abîmer. Alors, on prend mille précautions afin de les préserver.

On sait, aujourd'hui, que les matières grasses végétales hydrogénées et les laitières contiennent des graisses trans, et elles ont souvent été montrées du doigt et accusées d'engendrer des pathologies. La consommation de ces AGT entraîne en effet une diminution du niveau de « bon cholestérol » (HDL-C) et conduit à l'augmentation du niveau de « mauvais cholestérol » (LDL-C), élevant ainsi sensiblement le risque de maladies cardio-vasculaires. Or, une équipe de chercheurs multidisciplinaire de l'INRA-université d'Auvergne, du Centre de recherches Nestlé de Lausanne et du CNIEL[1] ont examiné les effets des acides gras trans (AGT)

1. CNIEL: émanation des professionnels de la filière lait. Leur dépendance aux intérêts des industriels de la filière est donc totale.

d'origine naturelle (lait, beurre et produits laitiers) et industrielle (huiles végétales partiellement hydrogénées) surles marqueurs du risque de maladies cardio-vasculaires. Cette étude montre que les acides gras trans issus de produits naturels ou de produits industriels ont des effets différents sur les risques de maladies cardio-vasculaires (MCV). Les résultats révèlent aussi une sensibilité plus importante à certains AGT chez la femme que chez l'homme.

Cependant, aucune étude n'a abordé les effets spécifiques des acides gras trans d'origine naturelle (issus du lait de ruminants et présents dans le lait, le beurre et les produits laitiers) par comparaison à ces AGT d'origine industrielle.

L'étude TRANSFACT montre que les AGT naturels provenant du lait de ruminants n'ont pas le même impact négatif sur les facteurs de risque de MCV que les AGT industriels, car ils ne diminueraient pas le « bon cholestérol » et n'affecteraient pas les lipoprotéines les plus athérogènes (c'est-à-dire favorisant le dépôt de corps gras dans les vaisseaux sanguins).

En plus, les réponses biologiques aux AGT notamment sur les marqueurs plasmatiques sont plus significatives chez les femmes que chez les hommes.

Les résultats de cette étude suggèrent finalement que la consommation d'AGT d'origine naturelle, même à une dose largement supérieure à la consommation quotidienne constatée, n'a pas d'impact négatif sur les risques de maladies cardio-vasculaires. De ce fait, on ne pourrait pas regrouper les deux sources d'AGT au niveau de recommandations qui visent à réduire leur consommation. Seuls les AGT d'origine industrielle devraient être concernés par cette restriction.

Le CNIEL, l'INRA et Nestlé conduisent désormais des études plus approfondies pour mieux comprendre les différents effets des AGT et leurs mécanismes biologiques, pour fournir des éléments complémentaires aux agences de sécurité alimentaire et aux autorités de régulation en vue de recommandations nutritionnelles en faveur de la lutte contre les maladies cardio-vasculaires.

6. Peut-on manger 5 fruits et légumes et leurs pesticides en toute sécurité ?

C'est une question qui revient sans cesse dans la bouche des consommateurs dès que l'on parle de manger des fruits et légumes : « et les pesticides » ? Quel risque ai-je par rapport au bénéfice reçu de consommer des végétaux ?

Pour le savoir, l'autorité européenne – EFSA[1] – a analysé les risques pour le consommateur liés aux nitrates[2] présents dans les légumes par rapport aux bénéfices d'une alimentation équilibrée riche en fruits et en légumes. L'organisme humain transforme les nitrates en composés tels que les nitrites et l'oxyde d'azote, qui peuvent avoir des incidences sur la santé.

Le groupe scientifique sur les contaminants de la chaîne alimentaire (CONTAM) a estimé qu'un consommateur moyen, qui ingère approximativement 400 g de légumes et de fruits mélangés par jour, ne dépasserait pas la dose journalière admissible (DJA) pour les nitrates.

---

1. EFSA : *European Food Safety Authority.*
2. Les nitrates ont été étudiés, et certains pesticides. On ne traite ici que des nitrates.

Pour estimer l'exposition, le groupe scientifique s'est fondé sur l'éventualité que la totalité des 400 g de fruits et de légumes ingérés par les consommateurs puissent éventuellement n'être constitués que de légumes dont la teneur en nitrates est considérablement plus élevée que celle des fruits. D'après le groupe scientifique, une faible partie de la population européenne (2,5 %), qui consomme des quantités importantes de légumes-feuilles, pourrait dépasser la dose journalière admissible pour les nitrates.

Les nutritionnistes concluent que les effets bénéfiques de la consommation de légumes et de fruits l'emportent sur le risque lié aux pesticides pour la santé humaine.

Les sources alimentaires en nitrates

Les principales sources de nitrates dans l'alimentation sont les légumes, la viande en conserve et l'eau de boisson. Mais les légumes et les fruits peuvent représenter plus de la moitié, voire les deux tiers de l'ingestion totale de nitrates. La plupart des légumes contiennent des nitrates, en quantité variable, mais le facteur critique d'une consommation importante de nitrates n'est pas la quantité totale de légumes consommée, mais les catégories de légumes. Les légumes-feuilles, par exemple, en sont riches car ils tendent à les concentrer.

Les épinards, les bettes, la laitue et la roquette (la salade qui est la plus sensible aux nitrates)... la teneur des légumes en nitrates varie également en fonction d'autres facteurs, comme l'ampleur de l'utilisation d'engrais à base de nitrates et l'exposition des légumes à la lumière solaire (les légumes cultivés dans les pays du Nord de l'Europe ont tendance à présenter une teneur en nitrates plus forte).

Et les pauvres végétariens et végétaliens qui consomment de grandes quantités de fruits et de légumes ne dépassent pas la DJA, puisqu'ils consomment beaucoup de céréales, de fruits à coque et de légumes secs, qui sont pauvres en nitrates, pour satisfaire leurs besoins en protéines.

Si vous craignez la trop grande consommation de nitrates, sachez que le lavage, l'épluchage et/ou la cuisson, en élimine l'essentiel.

7. Tendance « soyons beaux ! »

Dans notre monde du paraître, la beauté devient un bien de consommation comme un autre…

Comme un autre ? Pas tout à fait !

La beauté fait la une des rayons, et elle touche tous les biens de grande consommation : la livrée de la voiture ou du téléphone portable, pour aller avec vos yeux, des cosmétiques, des cosméto-foods et des actes sportifs ou chirurgicaux pour votre beauté…

Côté bouffe, les rayons s'étoffent de plus en plus, notamment des promesses de dermo-nutrition…

Côté cosmétique, la tendance *Beauty by Food* permet d'ouvrir les formulations et les promesses vers l'inspiration nutrition.

On avait déjà des interrelations fortes entre ces deux mondes – cosmétique d'une part, alimentaire d'autre part. Un peu par capillarité, les actifs des uns envahissent peu à peu les formulations de l'autre, et l'on se retrouve avec des produits dont on n'est plus très sûr de pouvoir avaler ou utiliser dans le bain. Du lait d'amandes qui se lape ou qui se tartine seulement sur la peau. Du chocolat fondu pour peindre le corps, mais qui se lèche érotiquement, des actifs universels que l'on retrouve comme autant de fils rouges : oméga 3, vitamine E, céramides, canneberge ou huile d'argan...

Les gestes aussi changent de camp : les masques d'esthéticiennes se mélangent dans un shaker (et certains se mangent !), Solabia continue ses propositions inspirées de la nutrition avec les oméga céramides oméga 9 (complétant l'offre oméga 3-6), BF imagine dans le Beauty Lab un soin lèvres qui démaquille, repulpe et se mange (aussi !).

On en reparlera ! Car 85 % des Français pensent que manger sain est une action susceptible de les rendre plus beaux (Ipsos – avril 2007)...

La dermonutrition, une science qui s'affirme

Le tout dernier colloque de médecine esthétique a donné lieu à d'intéressantes communications au sujet de la dermonutrition. Certains praticiens et chercheurs sont à la pointe de cette science qui s'affirme comme très pertinente à la fois pour la beauté, mais aussi pour la médecine humanitaire.

Tout de suite comme ça, le mot sonne comme du connu. Dermonutrition. Est-ce la science de bien nourrir sa peau ? Ou la science nutritionnelle dont l'effet est visible sur la peau ?

La peau est le miroir de notre santé et de notre état nutritionnel. Nous le savons tous, puisque nous jugeons les gens sur leur apparence, à la fois physique – leur silhouette – et leur aspect de surface comme ils disent à Orly.

Le grain régulier et fin, l'aspect velouté ou huileux, des creux et des bosses ou un aspect lisse et ferme ? De la coupe-rose ou un bronzage cuivré ? Bref. Si l'industrie du maquillage est aussi développée, c'est bien qu'elle est fort utile dans la vie de tous les jours pour ceux qui doivent « paraître bien ».

Pour les nutritionnistes, la peau est un des éléments de diagnostic. Aujourd'hui, la médecine utilise peu cet organe pour son évaluation de l'état de santé, alors que la médecine humanitaire est à la recherche de clés en dermonutrition pour évaluer rapidement et de visu les carences nutritionnelles les plus graves.

Détecter en un clin d'œil les réfugiés les plus carencés, dont l'état de dénutrition est le plus aigu, permet une vraie avancée dans les soins apportés. Mais pour nous, nantis, la dermonutrition a d'autres enjeux :

1. Faire un bilan nutritionnel complet permet de bien comprendre la balance qui existe entre les apports de certains micronutriments et les besoins de chaque organisme. Fer, cuivre, zinc, vitamines C, A, E, et le profil des acides gras (oméga 3 et 6). Une rosace permet de visualiser les carences, les excès et les déficiences de chaque cas.
2. Un bilan nutritionnel basé sur le déclaratif tente de mettre en avant les faiblesses du mode alimentaire, et les points d'amélioration du niveau nutritionnel sans bouleverser les habitudes.
3. Et la dermatologie arrive : elle évalue, constate les problèmes éventuels, analyse, et propose des solutions pour améliorer l'état de surface et pour que la peau soit « plus confortable ».

Parce que finalement, l'objectif est que les patients – qui sont assez souvent une patiente, mais pas toujours – soient mieux dans leur peau, et pour longtemps.

Il est toujours fort intéressant de procéder à un bilan[1], mais onéreux. Pourtant, c'est un moment de médecine fondamentale où l'on tente de déterminer ce qui, dans votre vie, peut être durablement amélioré pour votre santé.

1. En savoir plus : www.imaage-paris.com

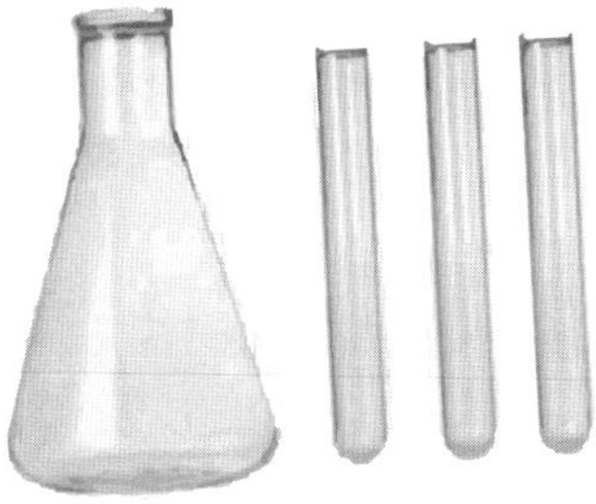

Chapitre 6

À PROPOS DES ADDITIFS

Si l'on en croit la rumeur – elle a bon dos ! – ou les consommateurs un peu crédules, les additifs seraient la cause de bien des maux, et le symbole même de l'américanisation de nos si chers aliments de terroir... Et pourtant ! Personne ne le sait, mais la majeure partie des additifs est naturelle ! Seuls quelques-uns sont synthétiques... et ils ont tous été testés comme bien peu d'aliments naturels l'ont été. Ainsi, il est sûrement plus sûr de consommer de l'acide citrique que du sel, du sucre ou de l'alcool...

Les additifs apportent bien plus de bénéfices que d'inconvénients. Peut-on se passer des colorants ou des arômes de synthèse ? Oui, pourquoi pas ! Ils ne sont pas présents dans les aliments bruts comme les fruits, les légumes, les poissons ou les œufs, mais ils sont parfois utiles pour des préparations prêtes à l'emploi, pour des boissons et pour tous les produits que l'on veut avoir sous la main à tout instant. Personne n'est obligé de les acheter, ni de les manger : la liste des ingrédients est là, sur l'emballage, pour vous informer. Elle permet à chacun d'opérer ses choix et de manger selon ses idées et sa philosophie.

1. Les additifs : un secteur alimentaire très très particulier !

Rien que leur nom dérange le mangeur. « Additifs », ça sonne comme artifice et arnaque. Comme les colorants que l'on met dans l'essence ou le gasoil pour le taxer un peu plus lorsqu'il est destiné à votre voiture particulière. Bref, ça sent le malaise !

Et pourtant ! Les premiers additifs sont séculaires : sel, salpêtre ou colorants sont utilisés depuis environ vingt siècles, et l'étaient sans doute même avant !

Ils ont certainement leur raison d'être même si, philosophiquement, leur emploi peut déranger certains purs esprits. Car c'est vrai, nous pourrions tout à fait nous passer de colorants, d'arômes, de conservateurs..., mais il faudrait alors en accepter les revers.

Fini les biscuits qui restent inoxydables après 3 ou 5 semaines une fois le paquet ouvert. Fini le jambon rose cochon. Fini le cola, la mayo ou les roudoudous... Fini le bon vin : sans conservateurs, il devient vinaigre...

D'ailleurs, je ne vous conseille pas de vous passer de certains conservateurs : ceux qui sont utilisés dans la farine, dans le blé et les céréales en général. Grâce à eux, vous êtes en vie. Ils vous permettent de ne plus être confronté aux toxines de micro-organismes, si dangereuses pour la santé et pour la longévité.

LE SAVIEZ-VOUS ?

Petite histoire des additifs

Les conservateurs : sel, salpêtre[1] et fumée	Ils sont utiles pour conserver les viandes et les poissons.
Les carraghénanes	Gélifiants naturels issus d'algues marines, ils sont utilisés dans les cosmétiques en Chine.
La graine de caroube	De cette graine, on tire une substance collante et épaississante qui est souvent employée dans les crèmes glacées... Elle permettait aux Égyptiens de coller les bandelettes de leurs momies.
La pectine	Elle est présente dans la peau et le trognon de bien des fruits : pomme, coing, poire, citrus... Elle a été isolée en 1920, alors qu'on l'utilisait déjà depuis longtemps.
Les propriétés émulsifiantes du lait ou de l'œuf (lécithine)	Exploitées par Mege-Mourie pour inventer la margarine en 1866, elles sont appelées « beurre artificiel ». On les utilise pour faire monter et tenir une mayonnaise.
Les colorants	4000 av. J.-C., les colorants faisaient les teintures : indigo, pourpre. Au Moyen Âge, existaient les colorants pour le beurre (avec de la fleur de soucis[2]), le safran, le brou de noix. Il existe aussi le curcuma, la cochenille, le rouge de betterave. Les premiers colorants synthétiques apparaissent dès 1826 : ce sont la quinoléine, la chlorophylle et l'amarante.

1. Nitrate de potassium.
2. Arden, 1988.

Les arômes	Depuis la nuit des temps, les plantes sont employées pour leurs propriétés aromatiques : absinthe, menthe, myrrhe, rose, figue...
Les édulcorants	Le sucre apparaît en 1200 av. J.-C. Le miel et certaines plantes édulcorantes, comme *Stevia rebaudiana*, sont consommées couramment. En 1879, la saccharine est synthétisée.

2. L'additif : un ouvrier spécialisé

Ingrédients services par excellence, les additifs ne sont utilisés que pour la fonction qu'ils assurent : une propriété colorante, acidulante, conservatrice… L'aliment a alors un meilleur aspect, un meilleur goût, une plus grande praticité. Les additifs ne sont pas des épices que le cuisinier emploie à sa guise.

Leur utilisation se fait à dose extrêmement précise, mesurée, contrôlée. On emploie un additif tout comme on embaucherait un ouvrier spécialisé : pour son savoir-faire technique. Sans lui, la recette n'est pas réussie. Sans la poudre à lever, pas de gâteau. Sans gélifiant, pas de crème dessert. Sans arôme, pas de plaisir… Et savez-vous pourquoi ils ne sont utilisés qu'à de très faibles quantités ? Parce qu'ils sont extrêmement chers – tant mieux pour nous ! – et qu'en mettre plus qu'il n'en faut n'améliore pas la recette, au contraire !

Les additifs appartiennent au domaine des denrées alimentaires : ils sont propres à la consommation, naturels pour la plupart, évalués scientifiquement et toxicologiquement. Seuls quelques-uns d'entre eux bénéficient d'une DJA (dose journalière admissible). Il s'agit principalement des conservateurs.

3. Améliorer les aspects organoleptiques, de sécurité alimentaire, de conservation ou technologiques

Une classification catégorielle des additifs a été établie par la Communauté européenne. Chaque additif porte un code européen comportant la lettre E pour Europe, suivie de trois chiffres.

Acidifiants – Ce sont les substances qui augmentent l'acidité d'une denrée alimentaire et/ou lui donnent un goût acide.

Affermissants – Ce sont les substances qui permettent de rendre ou de garder les tissus des fruits et des légumes fermes ou croquants ou qui, en interaction avec des gélifiants, forment ou raffermissent un gel.

Agents de charge – Ce sont les substances qui accroissent le volume d'une denrée alimentaire, sans pour autant augmenter de manière significative sa valeur énergétique.

Agents d'enrobage (y compris les agents de glisse) – Ce sont les substances qui, appliquées à la surface d'une denrée alimentaire, lui confèrent un aspect brillant ou constituent une couche protectrice.

Agents de traitement de la farine – Ce sont les substances qui, ajoutées à la farine ou à la pâte, améliorent sa qualité boulangère.

Agents moussants – Ce sont les substances qui permettent de réaliser la dispersion homogène d'une phase gazeuse dans une denrée alimentaire liquide ou solide.

Amidons modifiés – Ce sont les substances obtenues au moyen d'un ou plusieurs traitements chimiques d'amidons alimentaires, qui peuvent avoir été soumis à un traitement physique ou enzymatique et avoir été fluidifiés par traitement acide ou alcalin, ou blanchis.

Antiagglomérants – Ce sont les substances qui, dans une denrée alimentaire, limitent l'agglutination des particules.

Antimoussants – Ce sont les substances qui empêchent ou limitent la formation de mousse.

Antioxygènes – Ce sont les substances qui prolongent la durée de conservation des denrées alimentaires en les protégeant des altérations provoquées par l'oxydation, telles que le rancissement des matières grasses et les modifications de couleur.

Colorants – Ce sont les additifs qui ajoutent ou redonnent de la couleur à des denrées alimentaires.

Conservateurs – Ce sont les substances qui prolongent la durée de conservation des denrées alimentaires en les protégeant des altérations dues aux micro-organismes.

Correcteurs d'acidité – Ce sont les substances qui modifient ou limitent l'acidité ou l'alcalinité d'une denrée alimentaire.

Édulcorants – Ce sont les additifs alimentaires utilisés pour donner une saveur sucrée aux denrées alimentaires.

Émulsifiants – Ce sont les substances qui, ajoutées à une denrée alimentaire, permettent de réaliser ou de maintenir le mélange homogène de deux ou plusieurs phases non miscibles telles que le mélange de l'huile et de l'eau.

Épaississants – Ce sont les substances qui, ajoutées à une denrée alimentaire, en augmentent la viscosité.

Exhausteurs de goût – Ce sont les substances qui renforcent le goût et/ou l'odeur d'une denrée alimentaire.

Gélifiants – Ce sont les substances qui, ajoutées à une denrée alimentaire, lui confèrent de la consistance par la formation d'un gel.

Humectants – Ce sont les substances qui empêchent le dessèchement des denrées alimentaires en compensant les effets d'une faible humidité atmosphérique, ou qui favorisent la dissolution d'une poudre en milieu aqueux.

Poudres à lever – Ce sont les substances ou combinaisons de substances qui libèrent des gaz et, de ce fait, accroissent le volume d'une pâte.

Sels de fonte – Ce sont les substances qui dispersent les protéines contenues dans le fromage, entraînant ainsi une répartition homogène des matières grasses et des autres composants.

Séquestrants – Ce sont les substances qui forment des complexes chimiques avec les ions métalliques.

Stabilisants – Ce sont les substances qui, ajoutées à une denrée alimentaire, permettent de maintenir son état physico-chimique. Les stabilisants comprennent les substances qui aident à maintenir la dispersion homogène de deux ou plusieurs substances non miscibles dans une denrée alimentaire, celles qui stabilisent, conservent ou intensifient la couleur d'une denrée alimentaire ainsi que celles qui augmentent la capacité de liaison des denrées alimentaires, y compris la réticulation entre protéines permettant la liaison de morceaux d'aliments dans les aliments reconstitués.

Supports, y compris les solvants porteurs – Ce sont les substances utilisées pour dissoudre, diluer, disperser ou modifier physiquement de quelque manière un additif alimentaire ou un arôme sans en modifier la fonction (et sans qu'elles-mêmes aient un rôle technologique) et ce, afin de faciliter son maniement, son application ou son utilisation.

4. La règle d'or de l'étiquetage des additifs

Les additifs sont des « ingrédients fonctionnels » pour le législateur. À ce titre, il faut impérativement que soit inscrit en clair le rôle qu'il joue dans la recette, suivi de son nom en clair, ou de son code E.

MÉMO

Les codes

Colorants : E110 à 180.

Conservateurs : E200 à 290.

Antioxydants E300 (acide ascorbique ou vitamine C) à E321.

Les gélifiants et texturants E400 à 445.

Etc.

Par exemple, dans un gâteau, on écrira : « Colorant : Exxx ».

Ou gélifiants : carraghénanes, guar et pectine.

5. Les colorants : quand la digestion commence par les yeux !

Qui peut encore penser que les colorants sont inutiles ? Les colorants que l'on utilise dans certaines denrées permettent – justement – de stimuler l'appétit, la digestion et le plaisir. Par exemple, tout le monde sait que si les fraises Tagada ou le sirop de grenadine étaient exempts de colorant, ils n'auraient alors plus aucun intérêt alimentaire. Et vous pensez que ces aliments-là sont des erreurs dans le paysage nutritionnel ? Pourtant, l'usage de sirop permet de préparer une boisson agréable, sans alcool et bien moins sucrée que les boissons fantaisie toutes prêtes ! Les sucreries ? Eh bien oui, elles peuvent faire partie de l'équilibre alimentaire lorsqu'elles sont prises en fin de repas et avant de se brosser les dents.

Que seraient les knackis et le jambon de Paris sans cette jolie couleur rose ? Vous les verriez en gris et blanc ! Quelle tristesse ! Et les bigarreaux ? Savez-vous que ces cerises sont naturellement jaune pisseux ? Alors : ça vous tente ?

Pour bien comprendre l'importance de la couleur alimentaire, faisons une petite expérience amusante, maintes fois exécutée par les fabricants de colorants eux-mêmes. Faites infuser une gousse de vanille naturelle dans du lait et versez dans le yaourt ; prenez un yaourt avec de la vanilline (arôme synthétique de vanille) ; enfin, prenez un yaourt nature mais colorez-le légèrement de jaune. À votre avis, lequel de ces yaourts aura la faveur des consommateurs ? Celui qui est coloré, bien sûr !

Vous comprenez alors tout l'enjeu des colorants pour déclencher l'appétit du mangeur, et la perception gustative qu'il aura. Ainsi, la digestion commence bien par les yeux !

Vous pourrez reproduire cette expérience avec mille aliments. En son temps, Coca-Cola avait inventé le Coca cristal : il s'agissait de la même recette aromatique, mais sans colorant. Et Coca-Cola n'a jamais pu en vendre trois bouteilles. La transparence du liquide proposé semblait, pour le consommateur, la preuve de l'insipidité du breuvage.

La saveur

La sapidité des aliments est la résultante de plusieurs facteurs : la saveur, les arômes, la texture…

Pour ce qui concerne la saveur, les additifs permettent de corriger celle-ci grâce notamment à :

– des sels ;

– des acidifiants ;

– des exhausteurs de goût ;

– des édulcorants.

Les **sels**, à la fois le sel de cuisine (chlorure de sodium)[1] ou le sel de régime (chlorure de potassium), ou les sels d'ammonium, de calcium, etc., permettent d'améliorer la perception alimentaire.

Les **acidifiants** permettent de donner plus de « relief » à une perception gustative. C'est un peu comme la pointe de vinaigre ou de citron que le chef ajoute dans certaines recettes. Les acides citriques, tartriques ou acétiques (le vinaigre) permettent ainsi d'équilibrer les saveurs.

Les **exhausteurs de goût** ou agents de sapidité sont employés pour rehausser la saveur globale d'un plat, ou simplement quelques-unes de ses notes les plus favorables. Tout de suite, vous pensez au glutamate ou à l'acide glutamique. Ils composent la saveur unami conjointement avec les nucléotides IMP et GMP (5'ribonucléotides IMP et GMP).

Mais il faut savoir qu'avant la chimie, les bons cuisiniers savaient exploiter naturellement ces substances, contenues dans certains aliments comme les tomates, les champignons,

1. Le sel n'est pas un additif réglementairement parlant.

les bouillons de viande... C'est sans doute pourquoi la plupart des recettes de la cuisine française commencent souvent par « émincez un oignon »... Ses teneurs naturelles en exhausteurs de goût permettent d'augmenter sensiblement la saveur des recettes.

Enfin, **les édulcorants** permettent de développer la saveur sucrée de façon plus ou moins intense.

À ce stade, il vous faut distinguer :

- **Les édulcorants de masse**, ainsi nommés car ils ont, à poids égal, un pouvoir sucrant comparable à celui du sucre : ce sont notamment des polyols comme le sorbitol, le maltitol, l'isomalt, le xylitol...

  Ils sont utilisés notamment dans les confiseries « sans sucre ajouté », ou comme « agent de charge » – encore un joli nom bien appétissant ! – dans certaines denrées.

  Attention aux effets digestifs de ces édulcorants de masse : la plupart sont fermentés au niveau du colon, apportant flatulences, ballonnements et maux de ventre lorsqu'une certaine dose est dépassée.

  Par précaution, un message d'avertissement aux consommateurs (« *une consommation excessive peut avoir des effets laxatifs* ») est obligatoire sur les emballages en Europe, si les polyols composent la recette à plus de 10 %.

- **Les édulcorants intenses** ont, quant à eux, un pouvoir sucrant intense – 30 à 200 fois plus que le sucre. On les emploie en petites quantités pour avoir une forte saveur sucrée. C'est l'acésulfame de potassium, l'aspartame, l'acide cyclamique, la saccharine, la thaumatine, la néohespéridine DC.

Les arômes : une spécificité extraordinaire

Au début, il y avait tout simplement l'arôme fraise et l'arôme vanille. Mais très vite, les « nez » ont cherché à décliner les différentes notes : vanille-bois, vanille-whisky, vanille-amande... Les experts vous diront qu'autour du monde, il existe plus de trente notes vanillées différentes qui, pourtant, portent toutes le même nom : « vanille ». Chaque contrée, chaque peuple a « sa » vanille qu'il croit universelle et naturelle. Elle n'est ni l'un ni l'autre. En Angleterre, on apprécie la vanille amande quand on préfère en France la vanille boisée. Et cet arôme est celui qui est le plus répandu sur la planète alimentaire. Pensez donc ! Elle est omniprésente dans les laits infantiles.

Oui, vous m'avez bien comprise : le nouveau-né élevé au biberon sera dorénavant accro à la vanilline artificielle... Et c'est pourquoi la vanille est l'arôme le plus répandu dans le monde. Il ne faut pas les déboussoler ces chers petits ! Habitués à la vanilline de leur tendre enfance, ils en font un référent. Faites-leur goûter de la vanille naturelle et ils n'en voudront pas...

La puissance des saveurs de l'enfance ! C'est la mémoire la plus prégnante, celle imprimée dans le cerveau reptilien. Vous n'en perdrez jamais le parfum.

C'est pourquoi le domaine des arômes reste le plus important en matière de chiffre d'affaires pour le domaine alimentaire. Rares sont les préparations qui n'en contiennent pas.

Et effectivement : tâchez de faire un potage pomme de terre champignon, en bocal stérilisé. Goûtez-le. Qu'en reste-t-il ? Rien. C'est pour cela que les industriels ajoutent des arômes, naturels ou pas, à leurs préparations. Sinon, elles seraient jugées trop fades !

Les yaourts : une mine d'additifs

Faites l'expérience : prenez un yaourt nature et ajoutez-lui quatre fraises écrasées. Goûtez. Beurk ?

Vous obtenez un truc d'aspect proche du vomi de chat, et pas guère mieux côté saveur. Non ! Pour arriver à ressentir la présence de fraises, il aurait fallu en utiliser… au moins 50 % du pot. Autant dire que l'on n'est plus du tout dans le segment de prix ! Alors, on ajoute de l'arôme fraise, du colorant fraise aussi. Et des conservateurs pour tout ça, sinon, votre yaourt se transforme en truc mousseux et alcoolisé… Au total, il y a 10, voire 20 additifs différents dans un yaourt aux fruits ! Texturant, correcteur d'acidité, édulcorant, fructo-oligosaccharides, divers arômes et colorants, divers conservateurs… Et ils ne paraissent pas sur la liste des ingrédients car ils sont incorporés dans la préparation de fruits et à ce titre, ont le droit d'être passés sous silence…

Et c'est ainsi que vos yaourts à la fraise sont encore bien rouges, bien aromatiques, et qu'ils peuvent rester quatre semaines inertes au réfrigérateur. Qui dit mieux ?

La solution ? Choisir des yaourts à la confiture : car dans la confiture, il n'y a ni arôme, ni conservateur. Soit vous les achetez dans le commerce, soit vous prenez des yaourts nature et ajoutez la confiture.

Agent de texture

Agent de surface ou agent de texture ? De quel agent de circulation parle-t-on ? De tels mots ne semblent pas comestibles !

Et pourtant, les agents de texture sont là pour « donner du corps » à une préparation qui n'en a pas assez. C'est la pincée de fécule que l'on ajoute à la sauce trop liquide. C'est la touche de gélatine que l'on ajoute au lait pour faire tenir la charlotte…

Ajouter un pied-de-veau dans le bouillon permet d'obtenir une gelée solide en refroidissant, ou une sauce onctueuse et épaissie. La pectine de pomme fait des confitures depuis que le sucre est disponible dans les chaumières. Et tout cela porte l'horrible nom d'agent de texture, ou de gélifiant, ou parfois même, d'épaississant.

L'histoire avait débuté avec du lichen, du goémon ou d'autres algues marines. La gélatine ou la fécule feront respectivement les oursons gélifiés ou les loukoums. Au choix. Riches en polysaccharides aux propriétés gélifiantes ou texturantes, ces substances naturelles permettent à la fois de faire une Danette ou une fraise Tagada, un lait gélifié au caramel ou du marshmallow.

Rien de dangereux donc !

Mais pourtant, il faut bien ouvrir les yeux : goûtez du lait entier, puis du lait complètement écrémé : vous ressentez normalement la différence de texture. Le premier contient plus de matière que le second et, donc, nourrit plus. Si vous faites, à partir de ces laits, des yaourts ou du fromage blanc, vous obtiendrez dans un premier cas, de délicieux produits au goût de lait. Dans le second, un sérum important surnagera à une préparation épaisse, souvent perçue comme acide. Et c'est là que vont entrer en scène les texturants. Ajoutez une pincée de gomme à la préparation allégée, et vous aurez un produit « qui se tient » et impressionne valablement le palais. Ces texturants ajoutés à tous les laitages écrémés (yaourts 0 % ou laits fermentés divers) apportent la texture qui a été perdue par l'écrémage. Ils apportent un peu de calories, pas beaucoup. Mais au final, vos yaourts 0 % seront pratiquement aussi caloriques que les yaourts classiques premier prix. Bénéfice ? Vous avez dépensé plus cher pour avoir moins à manger, et sans doute, moins de satisfaction gustative.

Je vous conseille donc de prendre des yaourts normaux, et de les déguster attentivement…

Les amidons natifs ou modifiés peuvent aussi avoir des propriétés similaires.

Focus

Les hydrocolloïdes d'origine végétale vont composer l'essentiel des « épaississants », « gélifiants » et « stabilisants ».

- des pectines (peau de pomme par exemple) ;
- de l'acide alginique et ses sels (algues) ;
- des carraghénanes et des algues Euchema transformées (algues) ;
- de la gomme xanthane (synthétisée) ;
- de la gomme guar ;
- de la caroube (d'une graine) ;
- de la carboxyméthylcellulose et son sel de sodium.

Conserver les aliments

Vous ne vous rendez plus compte de l'importance que revêt cette charge : conserver les récoltes en toute salubrité afin de faire « la soudure » entre deux récoltes. Nantis de congélateur fiable, d'aliments déshydratés et surtout, d'un 8 à 8 en bas de chez vous, vous n'avez plus du tout cette préoccupation, laissant au Dieu Dollar la tâche de vous nourrir selon vos caprices.

Et pourtant, c'est encore une gageure. L'utilisation de substances naturelles pour conserver les aliments apparaît dès la Haute Antiquité[1] en Grèce : sel de mer ou gemme, sels mélangés d'épices (*sal conditum*). À la même époque, au Moyen-Orient, le salpêtre et le sel permettaient de conserver viandes ou poissons.

Les mélanges d'épices permettaient de réduire la charge bactérienne : chili, le chow éthiopien (mélange d'épices fortes), les piments et les aulx[2], parfois mélangées de plantes médicinales, pour obtenir des effets bactéricides. C'est tout naturellement qu'elles furent employées pour conserver certains aliments. Aujourd'hui, on exploite les propriétés antioxydantes de certaines de ces plantes pour préserver les corps gras du rancissement, ou pour conserver les salaisons : le thym, le romarin, la sarriette permettent de substituer une partie des conservateurs synthétiques dans les charcuteries.

Certaines méthodes de conservation ont traversé les âges et se pratiquent encore : la conservation dans l'huile (tomates, anchois, champignons, olives…) ou dans l'alcool (surtout les fruits), dans le vinaigre, permet de préserver différentes récoltes ou pêches.

Et n'oublions pas la plus répandue des modes de conservation : la fermentation ! C'est aussi la plus saine car elle permet de développer des effets bénéfiques pour la santé !

En effet, les processus de fermentation lactique sur le lait permettent de produire des laitages fermentés (DLC de 3 à 5 semaines) et des fromages dont la durée de conservation peut parfois excéder un an.

1. Les Géoponiques : Recueil de textes sur l'agriculture rédigés par Cassanius Basus, empruntés à Varron.

2. Les aulxs : ail, oignon, échalote, cive.

Mais ce que vous avez probablement oublié, c'est que cette même fermentation lactique peut être développée sur les légumes, pour faire de la choucroute, des cornichons, divers légumes conservés, comme sur les viandes et poissons. Elle permet de faire des saucissons et autres saurisseries de poissons (hareng saur).

Toujours dans le domaine de la fermentation, nous avons toutes les fermentations alcooliques ou lacto-alcooliques permettant de faire vin, cidre, bière et kéfir.

Le nuoc-mâm et toutes les sauces issues de fermentations permettent aussi de profiter de ressources alimentaires sur le long terme.

Aussi, c'est bien pour assurer une conservation très particulière que des additifs synthétiques ont été utilisés : BHT ou BHA sont très pratiques, mais peu à peu remplacés par des substances plus naturelles.

6. Questions pièges et idées reçues sur les additifs

- **Les conserves contiennent des conservateurs.**

Faux. Elles sont stérilisées par la chaleur et, donc, n'ont pas besoin de conservateur.

- **Les additifs sont synthétiques et dangereux pour la santé.**

Faux. La plupart sont naturels et ils ont tous été évalués et contre-évalués... Leur innocuité est reconnue... ce qui n'est pas le cas de certains aliments ou condiments !

- **Les colorants rendent fous.**

Faux. Ce bruit vient d'une étude scientifique (McCann *et al.*, 2007) qui avait fait le lien entre la consommation de certaines confiseries colorées et l'hyperactivité de certains enfants. Le lien n'a pas été confirmé.

Des scientifiques de l'Autorité européenne de sécurité des aliments ont achevé l'évaluation d'une récente étude sur l'effet de deux associations de certains colorants alimentaires et du conservateur benzoate de sodium sur le comportement des enfants.

Compte tenu de toutes les preuves recueillies et au regard du nombre important d'incertitudes, telles que le manque de cohérence et la relative faiblesse de l'effet, ainsi que l'absence d'informations sur l'importance clinique des changements de comportements observés, le groupe a conclu que les résultats de l'étude de McCann *et al.* ne pouvaient pas servir de base pour une modification de la DJA des colorants alimentaires respectifs ou du benzoate de sodium.

Le texte complet de l'avis est disponible sur le site Internet de l'EFSA à l'adresse suivante : http://www.efsa.europa.eu/EFSA/efsa_locale-1178620753816_1178694648892.htm

- **On peut consommer des additifs toute sa vie sans danger.**

Vrai… à condition de les consommer à travers les aliments et non à la petite cuillère. Car l'emploi de certains conservateurs par les professionnels requiert des précautions très particulières.

- **La fumée est un très bon conservateur naturel.**

Vrai… mais qui est dangereux pour la santé. C'est pourquoi on recommande d'espacer la consommation de produits fumés : saumon, hareng, charcuteries…

- **On peut se passer d'additifs.**

Vrai. Aucun d'entre eux n'est nécessaire à la santé.

- **Comment faire un quatre quart allégé ?**

Vous noterez que je n'aborde pas la question essentielle ici : pourquoi vouloir faire un 4/4 allégé ? Ne serait-il pas plus sain et simple de manger une pomme pour le dessert ?

Donc mon quatre quart : je prends un quart de beurre, un de farine, un de sucre et un d'œuf. Tout ça fait un 4/4. Si je mettais moins de sucre et moins de gras, j'aurais au mieux un 3/4. Que mettre à la place du quart manquant ?

J'ai le choix : de la farine (mais ça sera trop ferme), de la protéine (mais ça colle), des fibres (ça fait mal au ventre), de l'air (ça ne tiendra pas), de l'eau (mais il faut alors la « coller »).

La solution, c'est un mélange de tout cela, avec quelques additifs pour arranger la recette et qu'elle reste délicieuse. On pourra mettre des texturants, des épaississants, des gélifiants, des édulcorants…

Vous vouliez un vrai dessert allégé ? Vous avez un dessert. Il est moins « naturel » que le 4/4, mais il n'est pas empoisonné et ne présente aucun danger, même si vous mangez tout le gâteau.

Si philosophiquement, vous avez mal, alors choisissez une pomme pour le dessert.

- **Il y a de plus en plus d'additifs dans nos assiettes ?**

Faux. Il y a plus de trois cents additifs alimentaires retenus par l'Europe quand il y en avait davantage 10 ans auparavant. Les réévaluations ont, en effet, éliminé certains d'entre eux. Et les demandes d'autorisation pour la mise sur le marché de nouveaux additifs sont rarement suivies d'avis.

- **Les additifs alimentaires peuvent-ils générer des allergies ?**[1]

Les additifs alimentaires ont rarement été incriminés dans de véritables réactions allergiques, mais les esprits sont formels ! Le lien entre allergie et additifs est souvent évoqué, à tort ! Voici les seuls cas où l'allergie est avérée.

Colorants

Des réactions à la tartrazine (E102, un colorant jaune) et au carmin (E120 ou cochenille rouge) ont parfois été rapportées chez des individus sensibles. Les symptômes comprennent des éruptions cutanées, une congestion nasale et de l'urticaire, La tartrazine a provoqué parfois de l'asthme chez des individus sensibles.

Sulfites

Les sulfites peuvent causer des problèmes chez les individus sensibles. Dans ce groupe figurent plusieurs sulfites inorganiques (E220-228), dont le sulfite de sodium, le bisulfite de potassium et le métabisulfite de potassium qui contiennent du dioxyde de soufre (SO2). On les retrouve dans les vins, les bières et les produits à base de fruits depuis plus de 2000 ans. Chez les individus sensibles (asthmatiques), les sulfites peuvent déclencher de l'asthme, caractérisé par des difficultés à respirer, de l'essoufflement, des râles et de la toux.

---

1. Merci à EUFIC+ pour ces données.

Glutamate de sodium et aspartame

Le glutamate est un exhausteur de goût employé dans les plats préparés, l'alimentation chinoise, certaines sauces et les potages. Le glutamate est accusé de provoquer des maux de tête et des picotements. Cependant, aucune étude scientifique ne montre un lien entre le glutamate et ces réactions, suggérant qu'un autre composant du repas, ou même un stimulus psychologique, puisse être responsable d'effets défavorables.

CONCLUSION

MANGER : LE PARCOURS DU COMBATTANT !

Entre l'extrême nécessité vitale de manger et les impératifs financiers des entreprises du CAC 40, il y a sûrement un équilibre à trouver… entre calories et euros.

Mais comprenez-les bien ! Ces pauvres petits sont bien obligés de fournir des millions d'efforts pour séduire le consommateur que nous sommes, et qui passe si peu de temps à choisir ses emplettes dans les rayons : à peine 20 secondes en moyenne. Ce qui signifie que nous achetons certains produits sans même les regarder en face !

Pauvres gens de marketing qui passent des millions de secondes avec leurs agences de packaging à discuter si le jaune comme ci est plus impactant que le jaune comme ça ?

Et si l'illustration comme ci est plus alléchante qu'une autre.

Aussi, pour nous séduire, ils sont prêts à développer les arguments les plus fouillés, allant parfois à les déguiser en mensonges afin de faire durer leur emploi.

2008, 2009 et les suivantes : une nouvelle ère commence. Celle de l'harmonisation européenne concernant les allégations, les promesses et le marketing nutritionnels.

Un vrai ménage va avoir lieu… même si j'ai déjà vu comment il était possible de détourner la réglementation aux fins de promesses nutritionnelles exagérées… Les lois sont pour tous – mais certains parviennent à tromper l'adversaire quand même…

Néanmoins, les charlatans de bas étage vont devoir retourner à leurs chères études pour faire face ! C'est toujours ça de moins.

Il faut donc les plaindre, ces pauvres « marketeurs »… et aller voir ailleurs pour prendre les bonnes informations et faire les bons choix.

Les pièges du marketing alimentaire ne sont pas encore prêts d'être tous levés… mais j'espère que cet ouvrage vous aura aidé et vous aidera à acheter les yeux ouverts.

INDEX

Achevé d'imprimer en août 2009 par EMD S.A.S. (France)
Dépôt légal : avril 2009 - N° éditeur : 2009/551
N° d'imprimeur : 21812